Rebecca Adam

**Schinkenröllchen in Öl
– für wie blöd hältst du mich?**

Rebecca Adam

Schinkenröllchen in Öl

– für wie blöd hältst du mich?

Magic Buchverlag
Christine Praml

Magic Buchverlag im Internet:
www.magicbuchverlag.de

© 2015 by Magic Buchverlag Christine Praml
Adolf-Hölzel-Str. 5, 85256 Vierkirchen
Alle Rechte vorbehalten

Herstellung: Magic Buchverlag Christine Praml
Umschlagbilder von Cover und Buchblock: Stefano D'Attilia
Umschlaggestaltung: Magic Buchverlag
Satz: Jürgen Kierner
Druck: Bookpress eu, POL

ISBN 978-3-944847-33-7
Auch als eBook erhältlich.

PROLOG

David hatte sie betrogen! Hannah wünschte ihm die Pest an den Hals! Und Lea, die blöde Kuh, sollte der Blitz treffen!

Die Sonne brannte unbarmherzig auf Hannahs Gesicht. Unwillkürlich kniff sie die Augen zusammen, konnte sich aber nicht aufraffen, aufzustehen, um die Rollos des großen Küchenfensters ein Stückchen herunterzulassen. Die Sonne hatte für diese Jahreszeit, es war Frühlingsanfang, schon ziemlich viel Kraft.

Hannahs Haare fielen ihr fettig und ungekämmt in ihr hübsches Gesicht; der alte Pullover und die ausgebeulte Jogginghose ließen ihre ganze Erscheinung ungepflegt erscheinen.

Ihre Fingerspitzen trommelten leise auf die Tischplatte, als sie unzufrieden in der Küche umherblickte. Was sie sah, deprimierte sie noch mehr: Berge von Geschirr häuften sich, angetrocknete Essensreste klebten auf den schönen Tellern und die Luft war rauchgeschwängert. Doch fühlte sie sich nicht in der Lage, etwas dagegen zu unternehmen. Sie musste diesen Tag ruhig angehen – vielleicht konnte sie sich später entschließen, ihr Chaos zu beseitigen. Doch zunächst würde sie noch den Rest des inzwischen kalt gewordenen Kaffees trinken und sich noch eine Zigarette anzünden. Anschließend, überlegte sie, würden ihr eine Dusche und frische Wäsche bestimmt guttun. Rasch ließ sie diese Gedanken wieder fallen. Das hatte keine Eile.

Die Zigarette hinterließ einen unangenehmen Geschmack in ihrem Mund. Sie rauchte zu viel. Aber wen störte das!

»Das interessiert doch sowieso niemanden ...«, murmelte sie leise vor sich hin.

Gedankenverloren verfolgte sie die Rauchschwaden, die im Sonnenlicht nach oben schwebten und sich dann verloren, als das Telefon klingelte. Genervt, weil es nicht zu läuten aufhörte, hob Hannah den Telefonhörer ab, um ihn sofort wieder aufzulegen. Sie wollte mit niemandem sprechen!

Sie zuckte zusammen, als das Telefon erneut klingelte. Seufzend nahm sie den Hörer wieder ab, aber diesmal meldete sie sich:

»Kerner! Hallo Noah ... Nein, nein, mir geht es gut. Ich habe nur sehr viel zu tun. Ja, ich werde dich morgen anrufen, dann können wir in Ruhe sprechen. Jetzt habe ich wirklich keine Zeit.«

Hastig verabschiedete sie sich von ihrem Bruder und war froh, dass sie ihn so schnell abwimmeln konnte. Er wollte unbedingt vorbeikommen, um mit ihr ein bisschen zu schwatzen. Was sollte das? Sie war doch nicht von gestern! Natürlich wollte er sie über die vergangenen Wochen ausfragen und ihr bestimmt gute Ratschläge mit auf den Weg geben. Nein danke, davon hatte sie genug! Sollte er sich doch lieber um sich selbst kümmern! Da hatte er weiß Gott genug zu tun. Noah, der absolute Beziehungsmuffel, der jeder engeren Bindung aus dem Weg ging, die länger als zwei Wochen anhielt.

Ihre Gedanken schweiften zu dem Abend, als David seine wichtigsten Sachen eingepackt hatte, um zu seiner neuen Freundin zu ziehen! Sie hatte es nicht glauben wollen! Schon einige Monate lang hatte er ein Verhältnis, bevor sie zufällig dahintergekommen war. Vieles hätte sie vorwarnen müssen. David veränderte sich: Seine Kleidung wählte er normalerweise von elegant bis sportlich elegant, doch sehr zu Hannahs Erstaunen brachte er eines Tages Jeans und Sweatshirts mit nach Hause. Nach einem Frisörbesuch erkannte sie ihn fast nicht wieder. So ein modischer Haarschnitt, der für seine Verhältnisse schon fast ins Verwegene tendierte, passte überhaupt nicht zu ihm. Entweder hatte sie seine Veränderung nicht sehen wollen oder sie war wirklich so naiv gewesen. Egal, jetzt war es ohnehin zu spät.

Aber wenn sie es recht bedachte, war sie schon immer viel zu gutgläubig gewesen – besonders Männern gegenüber. Sie hatte schon viel Lehrgeld zahlen müssen und das nicht nur in finanzieller Hinsicht. Aber in diesem Moment wollte sie darüber nicht nachdenken. Vorab musste sie ihre Gedanken ordnen, um herauszufinden, wie sie am besten vorgehen sollte. Rachegedanken, ja, die hegte sie seit Davids Treuebruch. Irgendwann würde er es noch bereuen! Da war sie sich sicher.

Sie wollte ihm zeigen, dass sie nicht auf ihn angewiesen war. Sie würde ihr Leben ganz einfach umstellen, um in jeder Hinsicht unabhängig sein! Einfach würde es nicht werden, das war ihr klar. Auch hatte sie keine Freunde, die ihr dabei helfen könnten. Alle Freundschaften hatten im weitesten Sinne mit David zu tun und die konnte sie jetzt vergessen.

Davids herablassende Worte hallten ihr immer noch in den Ohren: Niemals würde sie alleine zurechtkommen. Sie würde immer auf ihre Familie angewiesen sein und nicht zuletzt auf ihn, hatte ihr David knallhart ins Gesicht gesagt. Und er hätte keine Lust mehr, ihre Stütze zu sein. Er brauche seine Freiheit, denn in den letzten Jahren habe er viel zu viel verpasst! Sie glaubte, sich verhört zu haben. Sie war es doch gewesen, die im goldenen Käfig gesessen hatte! An ihr war das Leben vorbeigezogen. Doch daran hatte er keine Sekunde lang gedacht. So ein Egoist! Gönnerhaft bot er ihr Unterhalt an, denn er wolle schließlich nicht, dass sie verhungere.

Als sie klarstellte, dass sie kein Geld von ihm annehmen würde, hatte er ihr noch einen undefinierbaren Blick zugeworfen und sich aus ihrem Leben verabschiedet. Zumindest vorerst …

KAPITEL 1

Hannah brühte sich noch frischen Kaffee auf und zündete sich eine weitere Zigarette an. Sie zwang sich, nicht mehr an David zu denken, sondern an ihren ersten Mann. Robert! Das tat sie nicht sehr oft, denn dieser Abschnitt ihres Lebens schmerzte sie immer noch ein wenig. Aber das war in der jetzigen Situation auch schon egal. Sie zog den Rauch tief ein, hüstelte und erinnerte sich, wie sie Robert damals kennengelernt hatte. Es hatte mit so vielen Missgeschicken begonnen, über die sie später nur noch lachen konnte.

Robert war als Gast in das Restaurant Almond gekommen, in dem sie bediente. Ein kleines Restaurant mit gutbürgerlicher Küche. Außer den Wirtsleuten war da noch Regina, die ebenfalls bediente. Als Robert eines Abends die Wirtsstube betrat, konnte sie kaum den Blick von ihm abwenden. Er blieb lediglich zum Essen und war dann wieder verschwunden. Vorher hatte er Hannah beim Kassieren allerdings mit einem großzügigen Trinkgeld bedacht. Lächelnd hatte er sich noch für »die nette Bedienung« bedankt und ihr tief in die Augen geblickt. So ging es einige Tage. Es dauerte nicht lange und Hannah hatte sich Hals über Kopf in ihn verliebt. Gab er seine Bestellung auf, tanzten Schmetterlinge in ihrem Bauch. Beim Kassieren verrechnete sie sich, da sie sich in seiner Gegenwart absolut nicht konzentrieren konnte. Schließlich servierte sie ihm noch das falsche Essen, wie peinlich!

»Vielen Dank für das gute Essen. Ich hatte zwar etwas anderes bestellt, doch der Fisch schmeckte auch hervorragend.«

Mit hochrotem Kopf entschuldigte sie sich stammelnd.

»Die Entschuldigung kann ich nur unter der Bedingung annehmen, wenn ich dich zum Essen einladen darf!«

Hannah wäre vor Freude am liebsten in die Luft gesprungen, doch sie beherrschte sich. Dieser tolle Mann hatte sie zum Essen eingeladen! Kurz zierte sie sich noch, damit er nicht dachte, dass sie leicht zu haben sei, aber dann sagte sie zu.

Sie vereinbarten einen Zeitpunkt und wollten sich vor dem *Almond* treffen! Die Zeit verging unendlich langsam, doch dann war es so weit: Mit ihrer Freundin Lea hatte sie mehr als eine Stunde telefoniert und ihr ausschließlich von »diesem tollen Mann« vorgeschwärmt.

»Das muss ja ein Wunderknabe sein, wenn er dein Eisbein zum Schmelzen bringt«, hatte Lea ironisch gemeint. »Und ich möchte jedes Detail dieses Abends erfahren, denn Frau ›Rühr-mich-nicht-an‹ einzuladen, das schafft kein Normalsterblicher!«

Ohne gekränkt zu sein, versprach Hannah ihrer Freundin sofort Bericht zu erstatten, wie der Abend verlaufen war.

Hannah beendete das Gespräch, um ein Bad zu nehmen. Voller Vorfreude drehte sie sich die Haare auf ein Paar große Lockenwickler. Sonst föhnte sie ihre Haarpracht oder ließ sie einfach an der Luft trocknen, aber heute sollten sie besonders lockig fallen! Noch schnell eine Gesichtsmaske, dann konnte sie ihren Kleiderschrank begutachten.

Unzählige Kleidungsstücke lagen bereits über ihrem Bett verstreut, als sie sich endlich für ein enges, sehr schickes Kleid entschied. Da würde er Augen machen, so elegant hatte er sie ja noch nie gesehen! Während der Arbeitszeit trug sie über ihren normalen Klamotten stets eine große Servierschürze.

Voller Erwartung reinigte sie ihr Gesicht mit kaltem Wasser und erschrak fürchterlich, als sie in den Spiegel sah: Lauter dunkelrote Flecken hatten sich darauf verbreitet. Sicher hatte sie die Creme zu lange einwirken lassen. Doch nun war es zu spät! Na prima, das hatte ihr gerade noch gefehlt!

Ungeduldig bedeckte sie die roten Stellen mit einem Abdeckstift. Ein Blick auf die Uhr, ihr blieb noch eine Stunde, das würde zu schaffen sein!

Endlich hatte sie ihr Werk vollendet. Ihre Haarpracht war kunstvoll hochgesteckt, das Gesicht überpudert, die Wimpern mit schwarzem Mascara getuscht – nun konnte sie in ihr hautenges Kleid schlüpfen. Es konnte losgehen! Leicht nervös verließ sie ihre kleine Wohnung.

Als sie am vereinbarten Treffpunkt ankam, sah sie Robert wartend vor dem Eingang des *Almonds* stehen. Doch wie sah er aus!

Seine Haare standen etwas strubbelig vom Kopf ab, er trug ausgewaschene und leicht ausgefranste Jeans und seine Füße steckten in klobigen, nicht besonders sauberen Schuhen. Seine Lederjacke hatte eine Spur von Verwegenheit und sicher schon bessere Zeiten gesehen. Enttäuscht parkte sie ihr Auto und ging auf Robert zu.

»Jetzt hätte ich dich beinahe nicht erkannt. Hast du heute etwas Besonderes vor?« Bewundernd pfiff er durch die Zähne.

Etwas hochmütig erwiderte sie: »Natürlich!«

»Hoffentlich bin ich jetzt nicht ins Fettnäpfchen getreten! Mit Komplimenten habe ich so meine Schwierigkeiten. Aber du siehst wirklich super aus!« Seine Augen strahlten sie an. Ein bisschen versöhnt war Hannah nun schon, aber allzu leicht wollte sie es ihm dann doch nicht machen.

»Aber essen werden wir vermutlich in einem Restaurant und nicht an einem Stehimbiss, oder?«

Er lächelte, legte leicht seinen Arm um ihre Schultern und führte sie zu seinem Auto – ein schon etwas älteres Modell.

Als er den Blick auffing, mit dem Hannah das Auto musterte, lachte er fröhlich: »Darf ich bekannt machen, mein allergrößter Schatz! Er hat mich noch nie im Stich gelassen. Seit fünf Jahren sind wir schon zusammen.«

Zuvorkommend öffnete er ihr die Autotür und sie stieg geschmeichelt ein. Er hatte ja richtig gutes Benehmen! Robert fuhr zügig los und fädelte sich in den dichten Verkehr ein. Nach einigen Minuten fragte Hannah nach seinem Ziel.

Er setzte ein spitzbübisches Lächeln auf und erwiderte nur: »Lass dich überraschen. Es wird dir sicher gefallen.«

Nach etwa zwanzig Minuten, sie hatten die Stadt bereits verlassen und fuhren schon geraume Zeit auf einer Landstraße, wurde es Hannah doch ein wenig mulmig. Sie hatte sich mit einem Mann verabredet, den sie überhaupt nicht kannte. Mit einem wildfremden Mann fuhr sie nun schon einige Zeit in eine immer einsamer werdende Gegend. Von der Seite musterte sie unauffällig Roberts markantes Gesicht. Würde er ihr etwas antun wollen? Ihre Laune sank und genervt lauschte sie der Dudelei aus dem Radio.

Mitten in ihre düsteren Gedanken hinein sagte Robert: »So, nun noch fünf Minuten und wir sind da. Es ist ein wunderschönes Plätzchen.«

Endlich steuerte er einen Parkplatz an.

Sie wurde nun wirklich für alles entschädigt, denn ein idyllisch gelegener Gasthof lag vor ihnen. Vor dem Gasthof gruppierten sich sauber eingedeckte Biertische, an denen aber nur vereinzelt Leute saßen.

»Möchtest du im Garten oder in der Gaststube sitzen?«

»In der Gaststube, denn in meinen dünnen Schuhen wird es mir bestimmt bald zu kalt werden und sicher regnet es gleich«, gab Hannah mit einem Blick zum Himmel von sich.

Kurze Zeit später saßen sie an einem hübsch gedeckten Tisch in der urgemütlichen Wirtsstube und studierten die Speisekarte. Sie entschieden sich für Haupt- und Nachspeise. Robert bestellte eine Flasche Wein. Die anfängliche Befangenheit war bald überwunden und sie plauderten, als würden sie sich schon ewig kennen. Das Essen wurde aufgetragen und schmeckte vorzüglich! Beim Nachtisch angelangt, lehnte sich Hannah behaglich in ihrem Stuhl zurück.

»Das Essen war wirklich hervorragend!«

In ihrer Hand hielt sie die Schale mit der Zitronencreme. Gedankenverloren drehte sie die Schale ein wenig – und da war es auch schon passiert! Es machte Platsch! Und die Zitronencreme breitete sich auf ihrem, für diesen Ort viel zu eleganten Kleid aus.

»So ein Mist! Kruzifix …«, fluchte Hannah und Robert fing zu lachen an.

Hastig begann sie mit einer Serviette ihr Kleid zu reinigen. Dummerweise blieben viele Krümel der Papierserviette an der Creme kleben und durch Hannahs Bemühungen, diese wieder zu entfernen, breitete sich der Fleck auf ihrem Kleid immer weiter aus. Robert beobachtete ihre hektischen Bemühungen und lachte noch immer. Auch einige der Gäste blickten nun belustigt auf Hannah. Sie fand die Lacherei überaus unpassend und herrschte Robert an: »Hör sofort auf zu lachen!«

»Tut mir leid«, brachte er stockend hervor, bevor er erneut lauthals lachen musste.

Hannah hoffte, dass sich der Boden unter ihren Füßen öffnen würde, um sie voll und ganz zu verschlingen. So etwas Peinliches war ihr noch nie passiert! Als sie erneut in Roberts lachendes Gesicht sah, stiegen ihr Tränen in die Augen. Eilig erhob sie sich.

»Ich werde draußen auf dich warten«, brachte sie gerade noch mühsam hervor und dann war es mit ihrer Beherrschung fast vorbei.

Wie sehr hatte sie sich auf den heutigen Abend gefreut und nun endete er derart unfreundlich! Ihre Handtasche fest an sich gedrückt und die Tränen tapfer zurückhaltend, verließ sie das Lokal. Indessen hatte es zu regnen begonnen. Sie sah sich vergeblich nach einer Möglichkeit zum Unterstellen um, bis Robert kam. Egal, sie würde auf keinen Fall mehr zurückgehen!

Robert war sehr erschrocken, als Hannah davonlief. Verstand sie denn keinen Spaß? So schnell wie möglich beglich er die Rechnung und folgte Hannah. Beinahe wäre er mit ihr zusammengestoßen. Schutzsuchend hatte sie sehr nahe an der Tür gestanden, denn mittlerweile war sie völlig durchnässt. Robert fühlte erneut ein Lachen in sich aufsteigen, konnte es sich aber im letzten Augenblick gerade noch verkneifen. Sie sah wirklich zu komisch aus: Das vorher lockig hochgesteckte Haar hing ihr teilweise in Strähnen und ziemlich verklebt am Kopf. Das Make-up war zerlaufen und ihre Augen stark gerötet. Zitternd vor Kälte sah sie ihn trotzig an. Robert lief zum Auto und öffnete die Beifahrertür und ließ Hannah einsteigen. Sie ließ sich auf den Sitz plumpsen und zog die nassen Schuhe aus. Zusammengekauert saß sie auf ihrem Sitz, der sofort die Nässe aufsog. Robert nahm hinter dem Lenkrad Platz und legte fürsorglich seine Lederjacke um Hannah.

»In ein paar Minuten wird es warm im Auto. Die Heizung funktioniert ausgezeichnet.«

Hannah antwortete nicht. Während der Fahrt zog er sie wortlos an sich. Ihr anfängliches Sträuben gab sie bald auf. Ihre Erwartungen an diesen Abend waren sehr hoch gewesen und jetzt? Hatte sie überreagiert? Nun war es ohnehin zu spät. Der Abend war gelaufen!

Behutsam streichelte er ihr über die Wange und drückte sie an sich. Ansonsten verlief der Rest der Fahrt ohne Zwischenfälle. Sie sprachen kein Wort.

Als er neben ihrem Auto parkte, richtete sie sich auf und blickte aus dem Seitenfenster.

Bevor sie sich verabschieden konnte, sagte er verlegen: »Ich würde dich gerne nach Hause fahren, sozusagen als Entschädigung. Morgen früh könnte ich dich abholen und zu deinem Auto fahren. Bitte!«

Seine flehenden Augen brachten die Schmetterlinge in ihrem Bauch wieder zum Fliegen. Angenehm überrascht nickte sie. Langsam fuhren sie auf den nahezu autofreien Straßen zu ihrer kleinen Wohnung. Robert stellte den Wagen ab und sah sie an. Hannah gab sich einen Ruck und fragte, ob er noch einen heißen Tee wolle.

»Wenn du auch einen möchtest, gern.«

Als beide dann im Flur wortlos die nassen Schuhe auszogen, unter denen sich sofort kleine Pfützen bildeten, lächelte Hannah. Robert lächelte zurück, nahm sie in seine Arme und küsste sie. Schnell befreite sie sich und verschwand ohne ein Wort im Badezimmer.

Als sie in den Spiegel sah, erschrak sie fürchterlich! Ihre Augen waren mit Wimperntusche verschmiert und das Gesicht voller rötlicher Flecken! Eine gründliche Reinigung war sofort nötig. Sie durfte gar nicht daran denken, dass Robert sie in diesem jämmerlichen Zustand geküsst und ihr tief in die schwarz verschmierten Augen gesehen hatte! Ein Wunder, dass er nicht das Weite gesucht hatte!

Nach einer ausgiebigen Dusche, mit rosigen Wangen und nach Creme duftend, betrat sie, in Jeans und Sweatshirt, ihr Wohnzimmer. Jetzt fühlte sie sich wieder wohl. Robert hingegen lehnte mit seiner nassen Kleidung an ihrem Fensterbrett.

»Ich werde jetzt doch nach Hause fahren, denn meine Kleidung ist auch nass und mir ist kalt. Ich hoffe, du verstehst das?«

Etwas zögernd kam jetzt Hannahs Vorschlag: »Du kannst bei mir duschen. Zum Anziehen finde ich sicher auch etwas für dich.

In der Zwischenzeit koche ich uns einen heißen Tee zum Aufwärmen. Und Rum hätte ich auch da …«

Nach kurzem Zögern stimmte Robert zu, nahm ein großes gelbes Handtuch in Empfang und schloss die Badezimmertür hinter sich.

Hannah setzte den Wasserkessel auf und hängte drei Teebeutel in die Teekanne. Kurze Zeit später war der Tee fertig, die Rumflasche stand ebenfalls bereit. Für alle Fälle … Sie deckte den kleinen Wohnzimmertisch und stellte auch eine Schale mit Schokolade bereit. Zur Krönung stellte sie noch eine Kerze in die Mitte des Tisches. Jetzt nur noch den Lichtschalter etwas herunterdrehen und schon herrschte eine gemütliche Atmosphäre. Im Hintergrund erklang leise Musik. Robert wirkte sehr überrascht, als er aus dem Badezimmer kam, nach ihrem Duschgel duftend und in einem ihrer größten Jogginganzüge. Hannah war fast etwas verlegen, als er sie ansah.

»Ein bisschen eng. Aber immer noch besser als die nassen Sachen«, stellte er mit spitzbübischem Lächeln fest.

»Sicher wird er noch etwas weiter werden, äh, sich noch ausdehnen«, meinte Hannah etwas unsicher, ihn von Kopf bis Fuß musternd.

Robert gab schon eine lustige Figur ab: Die Arme und Beine viel zu kurz, alles hauteng, da kam er sich doch etwas lächerlich vor. Aber sein Humor siegte und schließlich lachten beide herzhaft über seinen Aufzug.

Sie unterhielten sich und die Zeit verging wie im Flug. Später hatte Robert den Arm um Hannahs Schultern gelegt und zog sie an sich. Sie lauschten der Musik und schließlich küssten sie sich. Hannah schwebte im siebten Himmel. Bis ans Ende der Welt hätte sie so mit Robert sitzen können, doch schließlich waren beide müde. Hannah befreite sich aus seinen Armen, stand auf und bot ihm ihre Couch an.

»Sie ist wirklich sehr bequem. Ich bin schon oft beim Fernsehen darauf eingeschlafen und schlief dann wirklich gut …«

Robert grinste und nahm den Vorschlag an. Hannah warf ihm einen undefinierbaren Blick zu und holte eine Decke. Kaum dass sie wieder zurück war, zog Robert sie zärtlich an sich. Hannah zögerte kurz, das Herz schlug ihr bis zum Hals. Seine Hände wanderten sanft über ihren Rücken, über ihre Taille, ihre Hüften und wieder zurück. Schließlich küsste sie ihn voller Leidenschaft.

So endete dieser aufregende Tag ganz anders, als Hannah es sich vorgestellt hatte. Am nächsten Morgen erwachten beide fast gleichzeitig – in Hannahs Bett! Es war der Anfang einer Liebesgeschichte.
Wenn sie das ihrer Freundin Lea erzählte, sie würde es nicht glauben. Na, war auch egal. Hannah war verliebt und überglücklich. Robert und sie sahen sich von nun an fast täglich und verbrachten jede freie Minute zusammen.
Bei einem Treffen beklagte sich Lea, dass Hannah kaum noch Zeit für sie hätte.
»Wegen dieses Typs servierst du mich, deine beste Freundin, einfach ab? Kaum zu glauben! Ich habe ihn ja nur zweimal gesehen und gesprochen habe ich mit ihm auch kaum, weil du ja nicht von seiner Seite weichst. Aber das Gelbe vom Ei ist er wahrhaftig nicht.«
»Nun sei doch nicht so, ich bin eben sehr verliebt. Robert ist meine große Liebe«, schwärmte Hannah und zog ein Foto aus ihrem Portemonnaie, das sie von Robert bekommen hatte.
Es zeigte ihn mit nacktem Oberkörper und verstrubbelten Haaren vor einem See. Sie hielt es herausfordernd unter Leas Nase.
»Und jetzt sag mir, dass er nicht gut aussieht! Das kannst du gar nicht ...«
»So einen Schmarren will ich mir nicht länger anhören. Männer sind doch alle gleich, wann wirst du das endlich in dein Spat-

zenhirn bekommen. Mein Lover hat mich erst letzte Woche wegen einer alten Kuh, die bestimmt fünf Jahre älter ist als ich, verlassen. Nun, was sagst du jetzt? Sieh es als eine Affäre und dann passt das schon, aber auf mehr lass dich nicht ein. Glaub mir, das bringt nichts. Genieß einfach die Zeit und binde dich nicht an ihn.«

»Robert wird mich nie verlassen und ich ihn auch nicht, schließlich lieben wir uns!«

Dass sie hirnverbrannt und naiv sei, musste sich Hannah nun anhören. Als Lea noch ausfallender wurde, verabschiedete sich Hannah etwas säuerlich von ihrer Freundin und schwor sich, erst einige Zeit vergehen zu lassen, bevor sie sich wieder mit ihr treffen würde. Bestimmt war sie nur neidisch.

Nach einiger Zeit beschlossen Robert und Hannah, in eine größere, gemeinsame Wohnung zu ziehen. Es dauerte eine Weile, bis sie eine geeignete Wohnung gefunden hatten, aber dann begann Hannah voller Freude mit der Wohnungseinrichtung. So gemütlich wie möglich sollte es werden. Die Möbel aus Roberts Wohnung waren in demselben Stil wie Hannahs. Alles harmonierte wunderbar. Sie musste nur noch wenige Möbelstücke hinzukaufen. Stundenlang nähte sie aus besonders ausgesuchten Stoffen die Vorhänge. Von den Stoffresten konnte sie sogar noch Stuhlkissen anfertigen, worüber sie sich sehr freute.

Sie liebte es auch, in ihrem eigenen Haushalt die Regie zu übernehmen. Robert war in punkto Einrichtung oder Haushalt im Allgemeinen nicht besonders anspruchsvoll und so konnte sie alles nach ihren Wünschen gestalten.

Doch der Alltag überrollte sie beide und das Schmetterlingsgefühl im Bauch ließ irgendwann nach. Die Doppelbelastung von Beruf und Haushalt ließ Hannah kaum eine freie Minute. Da sie den ganzen Tag arbeitete, begann sie erst am Abend mit dem Kochen und nebenher versorgte sie alleine den kleinen Haushalt. Robert meinte des Öfteren, sie arbeite zu viel. Na, der hatte gut reden!

Ihr Chef wälzte immer mehr Arbeit auf sie ab und ihre Überstunden häuften sich. Höchstens ein oder zwei Sonntage im

Monat nehme sie sich Zeit für ihn, beschwerte sich Robert. Ansonsten nur Arbeit und Haushalt! Ihre früher so romantischen Abende gab es schon lange nicht mehr, da Hannah abends viel zu geschafft war und hundemüde zu Bett ging. Hätten sie nicht das gemeinsame Abendessen, so würden sie sich überhaupt nicht mehr sehen, meinte Robert schließlich resigniert.

Hannah versprach, von nun an wieder mehr Zeit für ihn zu haben. Vielleicht wäre es auch möglich, einen kurzen gemeinsamen Urlaub zu buchen, vorausgesetzt, beide bekämen in der gleichen Zeit frei.

Eines Abends, als Hannah nach Hause kam, hatte Robert für sie beide gekocht. Eine undefinierbare Soße aus einem Päckchen, deren Hauptbestandteil aus Tomaten und Kräutern bestand, und dazu gab es Nudeln. Aber für Hannah war es ein Festmahl, da Robert es mit viel Liebe zubereitet hatte und nun wie ein kleiner Junge vor ihr stand und auf ihre Reaktion wartete.

»Du bist einfach wunderbar«, brachte sie gerührt hervor.

Sogar an eine Kerze und einen Rotwein hatte er gedacht. Genauso liebte sie es!

»Gibt es einen Anlass zum Feiern? Könnte es sein, dass du eine Reise gebucht hast, ohne mich zu fragen, eine kleine Weltreise oder so?«, hoffte Hannah neugierig.

Auf ihre Frage hin schwieg Robert und schüttelte fast unmerklich den Kopf. Beunruhigt fragte sie erneut: »Willst du mir etwas Unangenehmes mitteilen?«

»Nein.«

Roberts Gesicht begann zu strahlen, als es begeistert aus ihm heraussprudelte: »Ich könnte die Werkstatt übernehmen. Meinem Chef ist alles zu viel geworden und heute hatte er wieder starke Rückenschmerzen. Da bot er mir an, ich solle die Werkstatt übernehmen. Was hältst du davon? Das ist doch ein Traum!«

Im ersten Moment war Hannah sprachlos. Robert arbeitete schon viele Jahre in einer Autoreparaturwerkstatt, war bei den Kunden sehr beliebt und auch sein Chef hielt große Stücke auf ihn. Aber eine Werkstatt zu führen? Die vielen schriftlichen Dinge, die zu erledigen waren, die Terminplanung und vieles mehr. Würde Robert das schaffen? Derzeit hatte er einen Kollegen,

Herrn Thompson, und sein Chef half mit, wenn Not am Mann war und das war des Öfteren der Fall. Um den schriftlichen Bereich kümmerte sich derzeit noch die Frau des Chefs, die aber mit ihrem Mann in den Ruhestand treten würde. Und dann ganz zu schweigen von dem vielen Geld, das eine Übernahme erfordern würde! Robert hatte keine großen Ersparnisse.

Hannah teilte ihm ihre Bedenken mit und sie diskutierten lange, doch Robert ließ sich von seinem Vorhaben nicht abbringen und überredete sie schließlich.

»Stell dir doch mal vor! In einigen Jahren habe ich den Kredit dann abbezahlt und du kannst aufhören für deinen dusseligen Chef zu arbeiten. Du wirst dann zu Hause sein und unsere Kinder hüten. Wir schaffen das bestimmt. Außerdem könnten wir heiraten, was meinst du?«

Hatte sie sich verhört? War das ein Heiratsantrag gewesen?

Schon lange hatte sie auf diesen Zeitpunkt gewartet und jetzt hatte sie ihn beinahe überhört!

Fragend sah Robert sie an. »Was ist, sag schon ja, mein Schatz«, schmeichelte er.

Obwohl sie sich etwas überfahren vorkam, stimmte sie zögernd zu. Es war ihr ein bisschen zu schnell gegangen, aber sie liebte ihn und er sie, was sollte also schiefgehen. Und den Kredit, den sie für den Kauf der Werkstatt dann aufnehmen mussten, konnten sie beide bestimmt bald wieder zurückzahlen. Sie verdiente ja auch nicht schlecht.

In den nächsten Tagen rechnete und rechnete Robert. Ihre Ersparnisse hatte er selbstverständlich mit einkalkuliert. Skeptisch blickte sie auf seine Berechnungen, aus denen sie einfach nicht schlau wurde.

Fragte sie Robert nach diesem oder jenem Punkt, so wurde er sehr schnell ungeduldig.

»Du gibst dir einfach zu wenig Mühe. Sehr genau habe ich alles kalkuliert und detailliert aufgeschrieben, es dir erklärt, und nun soll ich dir alles noch einmal vorrechnen!«

Bald hatte sie keine Lust mehr, Robert nach Einzelheiten zu fragen und hörte ihm stattdessen nur geduldig zu, wenn er ihr etwas über die Finanzierung der Werkstatt mitteilte.

»Natürlich müssen wir mit dem Kauf der Werkstatt bis nach unserer Hochzeit warten, woraufhin wir dann die finanzielle Seite problemloser abwickeln können. Schatz, du denkst doch genauso, oder?«

Stumm nickte sie und wagte aber noch nachzufragen, wie er sich denn die Hochzeit vorstellte. Die Hochzeit würden sie nur im kleinen Kreise feiern können, aber im Hinblick auf ihre glänzende Zukunft könne man sich damit abfinden, meinte er.

»Und außerdem ist das Wichtigste an der ganzen Sache, dass wir uns lieben! Später können wir alles noch nachholen und haben dann alle Zeit der Welt und dazu auch das nötige Kleingeld.«

Enttäuscht, dass sie ihren Traum von einer großen Hochzeit, sie in einem weißen langen Kleid, mit einer langen Schleppe und vielen Blumenkindern, nicht verwirklichen konnte, fand sie sich irgendwann damit ab. Sicher hatte Robert recht, sie hatten alle Zeit der Welt, um eine kirchliche Hochzeit und eine Hochzeitsreise nachzuholen. Aber vorerst hieß es sparen und nochmals sparen. Alles andere würde sich dann im Laufe der Zeit ergeben.

Nun war es an der Zeit, alle benötigten Papiere zu besorgen. Drei Wochen später hatten sie alles beisammen und Robert bestellte mit Hannah in großer Eile das Aufgebot. Hannah erstand daraufhin ein elegantes Kostüm in Pastelltönen und Robert hatte einen schlichten Anzug gewählt.

Am Hochzeitstag gaben beide ein schönes Paar ab. Vor dem Standesamt wurden noch einige Erinnerungsfotos geschossen und kaum eine halbe Stunde später waren sie Mann und Frau. Zur Hochzeit waren Roberts Eltern eigens aus Kanada angereist. Sein Vater hatte dort vor vielen Jahren beruflich Fuß gefasst und da Robert sein eigenes Leben führte, waren sie kurzerhand im Ausland geblieben.

Nun aber war die Freude groß, ihren Sohn wieder in die Arme schließen zu können. Roberts Eltern hatten Hannah bereits bei einem ihrer Besuche kennengelernt und begrüßten sie nun freudig als Schwiegertochter. Auch Hannahs Eltern hatten gegen die Hochzeit nichts einzuwenden. Ihr Vater meinte mit einem großen Seufzer: »Gottlob, nun bist du versorgt.«

»Papa, was soll das! Ich brauche niemanden, der mich versorgt. Ich kann sehr gut für mich alleine sorgen. Wir lieben uns und möchten uns eine gemeinsame Zukunft aufbauen. Deshalb haben wir geheiratet!«

Doch so ganz wohl war Hannah bei dem Gedanken an ihre Zukunft nicht. Einen hohen Kredit aufzunehmen, fand sie nicht so gut, aber Robert zerstreute immer wieder ihre Bedenken.

Nach der Trauungszeremonie luden die Frischvermählten die wenigen Anwesenden zum Mittagessen in ein kleines Restaurant ein. Auch der Nachmittagskaffee ging auf Rechnung des Brautpaares und anschließend kehrten Hannah und Robert in ihre Wohnung zurück, um einen romantischen Abend zu verleben. Somit wurde die kleine Hochzeitsgesellschaft recht bald aufgehoben. Lea, ihre Freundin, meckerte zwar etwas, dass sie das doch nicht machen könnten, denn was solle sie nun mit dem freien Abend anfangen. Sie hätte gerne richtig gefeiert, auch wenn der Anlass nicht so prickelnd war, wie sie lautstark feststellte. Für diese Äußerung fing sie sich, besonders von den Eltern des Brautpaars, böse Blicke ein, Noah lachte lauthals. Lea war das egal. Im Gegenteil, sie blinzelte Hannahs Bruder Noah zu und fragte ihn, was er denn mit dem angebrochenen Tag noch anfangen würde. Noah ging nicht darauf ein und lenkte das Gespräch in eine andere Richtung, indem er mit der Verabschiedung begann.

Das war schon eine merkwürdige Hochzeit, dachte Hannah, als sie wieder in ihrem Auto saßen. Irgendwie war ihr alles so kühl vorgekommen, fast schon meinte sie, lediglich einen Behördengang hinter sich gebracht zu haben. Robert, ihr jetzt angetrauter Mann, war sehr nervös gewesen und hatte die ganze Zeit nur wenig gesprochen. So hatte sie sich ihre Hochzeit wirklich nicht vorgestellt, aber nun würde sie gute Miene machen müssen, um nicht die Hochzeitsnacht zu verderben!

Entgegen ihren Erwartungen schlief Robert kurz nach dem Abendessen ein. Sie hatten sich von einem Italiener das Abendessen kommen lassen und Robert bat um ein kurzes Nickerchen, da er so müde sei. Der Wein beim Essen wäre ihm in den Kopf gestiegen. Es wäre wohl doch ein Gläschen zu viel gewesen. Eines?, dachte Hannah ärgerlich. Da war wohl eine ganze Flasche zu viel gewesen.

»Schatz, wirklich nur eine halbe Stunde auf dem Sofa ausruhen, dann bin ich wieder fit.«

Denkste! Robert schlief tief und fest. Als sie ihn behutsam wecken wollte, murmelte er ärgerlich ein paar Worte, drehte sich auf die andere Seite und schlief im selben Augenblick wieder ein. Sollte das ihre Hochzeitsnacht sein? Zornig stapfte sie ins Schlafzimmer. Alleine in dem großen Bett konnte sie ihre Tränen nicht mehr zurückhalten. Schließlich fiel sie in einen unruhigen Schlaf.

Am nächsten Morgen, noch vor Sonnenaufgang, erwachte sie, als Robert mit leisen Schritten das Schlafzimmer betrat und sich ins Bett legte. Sie tat, als schliefe sie tief und fest.

»Schatz?«, vernahm sie leise und dann noch einmal: »Hannah, bist du wach?«

Sie spürte Roberts Hand auf ihrer Schulter.

»Hmm«, murmelte sie und drehte sich auf die andere Seite. Mit geöffneten Augen lag sie mehr als eine Stunde neben Robert, der kaum fünf Minuten später wieder in einen tiefen Schlaf gefallen war, bevor auch sie nochmals einschlafen konnte.

Misslaunig saß sie einige Stunden später neben ihrem frisch angetrauten Ehemann am Frühstückstisch, der ausschließlich von der herrlichen Zukunft sprach, die sie zu erwarten hatten. Warum sprach er nicht von der Gegenwart oder nahm sie einfach in die Arme? Die Hochzeitsnacht erwähnte er mit keinem Wort!

»Auf eine Hochzeitsreise müssen wir erst mal verzichten, denn wir brauchen wirklich jeden Cent für unsere neue Firma«, meinte Robert nun schon zum dritten Mal.

Insgeheim hatte Hannah gehofft, Robert werde sie doch mit einer kleinen Reise überraschen, doch sie wartete vergeblich. Stattdessen hatte sie außer ihrem Ehering noch goldene Ohrringe von Robert bekommen. Betont unauffällig ließ er die Quittung bei erstbester Gelegenheit aus der Geldbörse flattern.

»Ja, ja, die waren nicht ganz billig. Aber für meine Frau ist mir nichts zu teuer«, schmeichelte er.

Hannah kochte innerlich und musste sich zusammenreißen, um ihm nicht die Meinung zu geigen. Im Gegenzug aber musste sie ihm Tage später ihr Sparbuch übergeben. Es war kein unerheblicher Betrag, den sie sich zusammengespart hatte. Trotzdem mussten sie noch einen hohen Kredit aufnehmen, um die Werkstatt zu finanzieren. Viele Bankbesuche waren nötig und als Robert ihr anbot, dass er die Bankgeschäfte alleine übernehmen würde, war sie fast froh darüber. Nun musste sie nur noch die fertig ausgefüllten Papiere unterzeichnen.

Auf Nachfragen ihrerseits beschwichtigte Robert sie immer mit den Worten: »Du musst nur unterschreiben. Um alles andere kümmere ich mich. Wir haben doch ein Limit vereinbart und das ist noch nicht überschritten.« Er versicherte ihr mehr als einmal, dass sie bald viel Geld haben würden.

Endlich waren die Bankgeschäfte abgeschlossen, die Übergabe hatte stattgefunden und Robert hatte einige Neuerungen in der Werkstatt vornehmen lassen.

»Es war wirklich unumgänglich«, pflegte er zu sagen. »Und wenn alles fertig ist, dann zeige ich dir alles – aber erst dann. Hab noch etwas Geduld.«

Inzwischen war Robert seit fast einem halben Jahr der Inhaber der Werkstatt, die etwa eine halbe Stunde von ihrem Wohnort entfernt lag. Aber noch immer zeigte er keine Ambitionen, ihr die Neuerungen zu zeigen. Auf ihre Nachfragen erzählte er ihr von der vielen Arbeit und dass er wirklich keine Lust habe, auch noch am Wochenende in die Werkstatt zu fahren. Irgendwann wollte er ihr schon noch alles zeigen.

»Aber bitte nicht dieses Wochenende«, hörte sie stets.

Immer wieder fand er fadenscheinige Ausflüchte, um nicht mit Hannah in die Werkstatt fahren zu müssen. Da wurde sie langsam argwöhnisch, denn ihre Fragen beantwortete er ausweichend und beschwichtigend, jedoch ihre Zweifel immer sehr wortreich. Um sich endlich selbst ein Bild davon zu machen, beendete sie eines Tages ihre Arbeit etwas früher und fuhr zur Werkstatt, um Robert zu überraschen. Doch weitaus überraschter als Robert, war sie selbst. Sie erkannte die Werkstatt kaum wieder.

Sie erstrahlte im neuen Glanz und viele neue, moderne Maschinen standen nun in der Halle. Ihr blieb fast die Luft weg. Sie fühlte Wut in sich aufsteigen. Seit langer Zeit gönnten sie sich kaum etwas. Es hieß immer nur sparen! Alles, was nicht lebensnotwendig ist, muss warten, war Roberts Devise. Selbstredend hatte sie sich daran gehalten und sogar viele Überstunden in Kauf genommen, nur um möglichst viel Geld zu verdienen. Und hier wurde Luxus pur verwendet. Wie blöd war sie nur gewesen!

Wie sie sehen konnte, hatte er drei Automechaniker. Ihr gegenüber hatte er nur zwei erwähnt und eine Sekretärin – eine etwas ältere Frau.

Als sie die Halle betreten hatte, war er mit einer jungen, elegant gekleideten Frau, die in der Halle etwas deplatziert aussah, in ein angeregtes Gespräch vertieft. Nun legte sie die Hand auf Roberts Arm, nickte, lächelte, drehte sich um und ging in das Büro, das ebenfalls neu ausgestattet worden war.

Langsam durchquerte Hannah die Halle und machte sich bemerkbar.

»Ich glaube, ich träume, meine Frau besucht mich auch einmal«, kam es etwas verlegen von Robert.

»Was heißt hier auch einmal? Schließlich arbeite ich mindestens zehn Stunden am Tag und auch samstags noch, damit ich das hier alles mit finanzieren kann«, empörte sich Hannah. »Und jedes Mal, wenn ich die Werkstatt besichtigen will, hast du keine Lust dazu. Wer war eigentlich die junge Frau, mit der du dich so angeregt unterhalten hast?«

»Wer? Komm mit und begrüße Herrn Thompson, dann mache ich dich mit den zwei neuen Mitarbeitern bekannt. Wie du siehst, habe ich einen weiteren Mechaniker einstellen müssen, wir haben einfach zu viel zu tun«, brachte er das Gespräch in eine andere Richtung und zog die widerstrebende Hannah mit sich. Wichtigtuerisch stellte er sie seinen neuen Mitarbeitern als seine »bessere Hälfte« vor.

Nach einer freundlichen Begrüßung wandte sie sich entschlossen an ihren Mann: »Nun würde ich gerne das Büro sehen. Deine Sekretärin, Frau Ford, hätte ich auch gerne kennengelernt. Außerdem könnte ich eine Tasse Kaffee gebrauchen.«

Sie hatte das Gefühl, dass Robert sich in seiner Haut nicht wohlfühlte, dass ihm unbehaglich wäre. Ihre Neugierde war geweckt!

»Möchtest du nicht lieber ein wenig vor der Halle in der Sonne sitzen und dich entspannen. Dort steht eine Bank und ein Tisch – ich werde für uns Kaffee holen.«

Nun war Hannah alarmiert! Ablenkungsmanöver! Er wollte verhindern, dass sie das Büro betrat!

»Nein. Ich möchte jetzt das Büro sehen«, antwortete sie ziemlich eisig. Robert öffnete die Bürotür und ließ sie eintreten.

»Frau Ford! Meine Frau möchte Sie gerne kennenlernen«, rief Robert mit klarer, lauter Stimme – mit besonderer Betonung auf »meine Frau«, wie es Hannah vorkam. Oder bildete sie sich das nur ein?

Aus einem kleinen Nebenraum, in dem sich ein Tisch, vier Stühle und ein Sofa befanden, kam mit wiegenden Hüften die junge Frau, die sie bereits in der Halle gesehen hatte. Sie strich mit beiden Händen über ihren Rock und lächelte: »Sie sind also, unsere, äh, Chefin. Habe schon eine Menge von Ihnen gehört«, säuselte sie und legte ihre warme, ausdruckslose Hand in Hannahs kleine, aber feste.

»Guten Tag. Sie sind sicher Frau Ford ...« Hannah zwang sich, nicht unfreundlich zu klingen. Robert wird was erleben, wenn er heute nach Hause kommt, dachte sie böse. Meine Sekretärin ist schon ein älteres Modell, hatte er ihr erklärt. Für wie blöd hielt er sie eigentlich?

Der Appetit auf Kaffee war ihr gründlich vergangen. Sie wechselte noch ein paar belanglose Worte mit der »eingebildeten Pute«, wie sie Frau Ford innerlich nannte, und verabschiedete sich dann sehr schnell. Unter dem Vorwand, Kopfschmerzen zu haben, verzichtete sie auf den Kaffee und machte sich auf den Heimweg. Frau Fords Abschiedsworte klangen ihr noch in den Ohren: »Beehren Sie uns bald wieder, Chefin!«

So eine falsche Schlange! Sie hatte den Zwischenton schon richtig deuten können. Frau Fords Tage in der Firma würden von nun an gezählt sein, dachte Hannah wütend, und fuhr mit halsbrecherischer Geschwindigkeit nach Hause.

An diesem Abend beschwor Hannah einen großen Krach herauf. Auf der Stelle verlangte sie Einsicht in alle Unterlagen. Robert beteuerte, alles läge im Büro und Frau Ford kümmere sich vorbildlich darum.

»Aha und um meinen Mann kümmert sie sich vermutlich auch vorbildlich? Macht sie das in deinen sogenannten Überstunden? Letzte Woche warst du keinen Abend vor zehn Uhr zu Hause und mir hältst du meine Überstunden immer vor! Willst du mir vielleicht erzählen, dass du und dieses Flittchen nichts miteinander habt? Für wie blöd hältst du mich! Wie sie dich angesehen hat. So etwas finde ich richtig ekelhaft«, tobte Hannah und stampfte mit dem Fuß auf, um ihrem Ärger Nachdruck zu verleihen.

»Wie du dich aufführst, könnte man meinen, du wärst in einer pubertären Phase. Ich schufte von früh bis spät, und meine Frau beschuldigt mich der Untreue. Kaum zu glauben – so was Blödes. Mach nur so weiter, dann treibst du mich sicher in ihre Arme!«

Auch Robert gab sich wütend und begann im Zimmer hin und her zu laufen.

»Ach, so ist das also! Tu dir bitte keinen Zwang an!«

Augenblicklich drehte sie sich um und rannte ins Schlafzimmer. Empört riss sie einen Rucksack vom Schrank, stopfte wahllos einige Kleidungsstücke hinein, griff nach ihrer Handtasche und den Autoschlüsseln und verließ türenknallend die Wohnung. Tief gekränkt fuhr sie zu ihrem Bruder.

Angesichts der späten Stunde war dieser nicht besonders erfreut, dass sie gedachte, sich bei ihm einzuquartieren. Schäumend vor Wut erzählte sie Noah haarklein von dem Streit. Schließlich wich der große Ärger und Hannah zerfloss in Selbstmitleid. Noah tröstete seine Schwester und versprach, am nächsten Tag mit Robert ernsthaft zu reden. Es dauerte noch einige Zeit, bevor sich Hannah beruhigt hatte und endlich einschlief.

Noah hielt Wort und telefonierte frühmorgens mit Robert. Den Inhalt des Gesprächs bekam Hannah nicht mit, da sie noch schlief. Als sie ihre Morgentoilette beendet hatte, hatte Noah die Wohnung bereits verlassen. Ein Zettel lehnte an ihrer Kaffeetasse.

Alles in Ordnung, mach dir keine Sorgen. Gruß Noah!

Robert holte sie am gleichen Tag von der Arbeit ab und lud sie zum Essen in ein feines Lokal ein. Überzeugend beteuerte er, nie ein Verhältnis mit einer anderen Frau angefangen zu haben. Er liebe nur sie!

Zu ihrer Beruhigung versprach er, in Zukunft zuerst alles mit ihr zu besprechen, bevor er etwas Geschäftliches entscheiden würde. Wenn sie es wünsche, werde er natürlich seine Sekretärin entlassen und sich eine ältere Dame suchen.

War sein Entgegenkommen nicht ein Liebesbeweis? Sie verzichtete auf eine Entlassung, denn es wäre nun wirklich kindisch gewesen, wenn sie jetzt noch darauf bestanden hätte. Trotzdem hatte sie immer noch kein gutes Gefühl dabei, diese Frau, der sie alles Mögliche zutraute, in Roberts Nähe zu wissen. In Zukunft würde sie Augen und Ohren offen halten, und sich auch öfter mal in der Werkstatt sehen lassen.

Am Wochenende darauf war der Ärger halbwegs vergessen. Robert war sehr aufmerksam und machte ihr sogar wieder Komplimente über ihr Aussehen. Das hatte er schon lange nicht mehr getan und so fühlte sie sich geschmeichelt und wurde auch ihrerseits wieder zugänglicher.

Die Zeit verging und eines Montagnachmittags klingelte in der Kanzlei des Rechtsanwaltes, bei dem Hannah arbeitete, das Telefon. Die Polizei war am Apparat!

»Ja, das ist richtig. Robert Langer ist mein Mann! Worum geht es denn? … Gut, in zehn Minuten, ja das ließe sich einrichten. Kommen Sie bitte in die Kanzlei.«

Sie war vor Schreck ganz blass geworden. War Robert etwas passiert? Ein Arbeitsunfall oder hatte er etwas angestellt?

Aufgeregt berichtete sie ihrem Chef von dem Telefonanruf und bat um eine zusätzliche Pause. »Die Herren von der Polizei werden gleich hier sein«, fügte sie hinzu.

Ihr Chef hatte nichts einzuwenden: »Kein Problem! Falls Sie mich brauchen, Sie wissen ja, wo ich zu finden bin.«

Kurz darauf stand sie zwei Polizeibeamten gegenüber. Unaufgefordert hielten sie ihr ihre Dienstausweise unter die Nase. Leider hatten sie ihr eine schlechte Nachricht zu überbringen. Robert hatte einen Unfall verschuldet und lag schwer verletzt im Krankenhaus, ebenso seine Begleiterin.

»Für Ihren Mann sieht es nicht gut aus«, meinte einer der Polizisten und wechselte einen Blick mit seinem Kollegen.

Hannah konnte kaum einen Gedanken zu Ende führen. Beunruhigt besprach sie sich mit ihrem Chef und kurz darauf nahm sie, das erste Mal in ihrem Leben, auf der Rückbank eines Polizeiautos Platz. Die Beamten hatten ihr angeboten, sie zum Krankenhaus mitzunehmen, da es für sie kein Umweg wäre.

Schier endlos erschien ihr der Weg ins Krankenhaus. Endlich angekommen, wurde sie schon auf Station II erwartet. Der Chefarzt bat sie in sein Zimmer. Sein Gesichtsausdruck ließ nichts Gutes erahnen.

»Wie geht es meinem Mann? Hat er schlimme Verletzungen? Wird er durchkommen?«

Fürsorglich, fast väterlich, geleitete er Hannah zu einem schwarzen, bequemen Sessel und nötigte sie, sich zu setzen. Auf ihre Fragen hatte er noch keinerlei Antworten gegeben. Besorgt sah sie ihn mit großen, angstvollen Augen an.

»Bitte Herr Doktor – was ist mit Robert?«

So behutsam wie möglich teilte er ihr mit, dass Robert zwischenzeitlich seinen schweren Verletzungen erlegen war.

»Was bedeutet das?«

»Leider ist er vor etwa zehn Minuten verstorben.«

»Nein, nein, das ist nicht wahr«, rief sie. »Das muss ein Irrtum sein!« Sie erhob sich abrupt und bestand darauf, sofort ihren Mann zu sehen. Es wurde ihr auch gestattet.

Das war der schlimmste Augenblick in ihrem bisherigen Leben. Da ihm äußerlich, bis auf die unnatürliche Blässe, nichts anzusehen war, sah es so aus, als schliefe er nur.

Sie blieb lange bei ihrem toten Mann sitzen, streichelte sein bleiches, aber entspanntes Gesicht und sprach mit ihm. Leise weinte sie vor sich hin, ohne es zu bemerken. Ab und zu ging leise die Zimmertür auf und eine Krankenschwester sah nach ihr. Ansonsten ließ man sie in Ruhe. Ein letztes Mal betrachtete sie sein Gesicht, küsste es und verließ dann endgültig das Zimmer.

Sie bat die Stationsschwester, ihren Bruder zu benachrichtigen. Sie würde auf der Station warten, bis er sie abholen käme.

»Natürlich, Frau Langer. Ich werde Ihnen eine Tasse Kaffee bringen, dann fühlen Sie sich etwas besser.«

Die nette Krankenschwester verschwand in Richtung Schwesternzimmer, nicht ohne sich vorher noch die Telefonnummer von Noah notiert zu haben.

Hannah besaß kein Zeitgefühl mehr. Waren Minuten oder Stunden vergangen, als ihr Bruder auf sie zukam, sie in die Arme nahm und zu seinem Wagen führte? Sie wusste es nicht.

Zuerst fuhren sie in Hannahs Wohnung. Völlig apathisch saß sie in ihrem Wohnzimmer und trauerte still vor sich hin. Noah übernahm alle erforderlichen Anrufe: bei ihrem Chef, den Eltern von Robert, bei ihren eigenen Eltern, Verwandten und Freunden. Auch kümmerte er sich um alle Formalitäten, die eine Beerdigung so mit sich brachte. Auch in Roberts Firma hatte er Bescheid gesagt. Ein Mitarbeiter, Herr Thompson, mit dem Robert seit langer Zeit zusammenarbeitete, versprach, sich in den nächsten Wochen um die Firma zu kümmern. Sie hatten viele Aufträge, die erledigt werden mussten.

Hannah hatte am Abend eine Schlaftablette eingenommen und schlief in der kommenden Nacht verhältnismäßig gut. Noah schlief auf dem Sofa. Am nächsten Morgen wurde sie durch Geschirrgeklapper geweckt. Noah hatte den Frühstückstisch schon gedeckt und nötigte nun seine Schwester, Kaffee zu trinken und ein bisschen zu essen. Nach einer ausgiebigen Dusche fühlte sie sich wieder ein wenig besser. Das Geschehen kam ihr fast unwirklich vor, doch die Tatsachen ließen sich nicht leugnen.

Mit Noah besprach sie den Ablauf der anstehenden Beerdigung. Ihr Bruder hatte sich, wie sie auch, einige Tage Urlaub genommen, um ihr zur Seite stehen zu können. Sie war ihm sehr dankbar dafür.

Plötzlich erinnerte sie sich an die Worte des Polizisten: Auch seine Begleiterin ist schwer verletzt!

»Noah, er war in Begleitung!«

Wer war seine Begleiterin? Wer saß bei ihm im Wagen? Da sie den genauen Unfallhergang noch nicht kannte, beschloss sie, den netten Polizisten anzurufen, um Genaueres zu erfahren. Einer der Polizisten hatte ihr noch im Polizeiauto seinen Namen und die Telefonnummer des Polizeireviers in die Hand gedrückt, falls sie noch Fragen hätte. Automatisch hatte sie die kleine Karte an sich genommen und in ihre Jackentasche gesteckt. Sofort begab sie sich mit der Karte in der Hand zum Telefon.

»Kann ich bitte Herrn Walker sprechen?«

»Am Apparat. Wer spricht bitte?«

»Hannah Langer.«

Sie hatte kaum zu sprechen angefangen, da unterbrach der Polizist sie mit der Bitte, doch ins Präsidium kommen, um etwas zu unterschreiben.

Auch hätte er noch einige, wenn auch nicht wichtige Fragen an sie. Dort könnten sie sich über alles Weitere unterhalten. Sie sagte zu. Noah begleitete sie und so betraten sie eine knappe Stunde später das Polizeipräsidium.

Sie erfuhren den Ort des Geschehens, und dass Robert mit einem riskanten Überholmanöver nicht nur seinen Wagen von der Fahrspur abgebracht hatte, sondern auch einen Kleinlaster. Zum Glück hatte dessen Fahrer nur eine Gehirnerschütterung und leichte Prellungen erlitten. Roberts Begleiterin, Frau Jennifer Ford, war dabei lebensgefährlich verletzt worden. Ob sie durchkommen würde, konnten die Ärzte jetzt noch nicht sagen. Bei der Nennung des Namens *Ford* zuckte Hannah wie unter einem Peitschenhieb zusammen. Sofort sah sie diese arrogante Person vor ihrem geistigen Auge.

»Was um alles in der Welt macht mein Schwager in der Mittagszeit in diesem kleinen Dorf, noch dazu mit seiner Sekretärin? Er betonte doch immer, montags sei immer furchtbar viel Arbeit und dass er deshalb an diesem Tag auch nie zur Kundschaft fahren würde. Er verließ doch montags nie die Firma! Kannst du dir das erklären, Hannah?« Noah schüttelte ungläubig den Kopf.

Ratlos sah sie auf Noah. »Nein! Aber es wird schon einen Grund dafür geben. Und jetzt will ich nach Hause.«

Herr Walker wollte Hannah noch die Adresse des Krankenhauses geben, in das die Sekretärin ihres Mannes verlegt worden war, aber Hannah lehnte dankend ab. Verwundert fragte er nach dem Grund der Ablehnung.

»Rein persönlich, das geht nur mich etwas an«, antwortete sie und flüchtete aus dem Zimmer.

Mit größter Selbstbeherrschung brachte sie die Beerdigung hinter sich. Sie war froh, ihren Bruder an ihrer Seite zu haben, der sich um alle Formalitäten und nicht zuletzt um sie selbst kümmerte. Und es tat so gut! Sie konnte ihren Gefühlen freien Lauf lassen, konnte sich einfach gehen lassen und ihre Gedanken aussprechen, ohne Angst zu haben, nicht verstanden zu werden. Auch Hannahs Eltern bemühten sich in dieser Zeit sehr um ihre Tochter. Nur das ewige Jammern ihres Vaters brachte sie regelrecht auf die Palme. Und so ließ er keine Gelegenheit aus, um eine wahre Lobeshymne auf Robert zu halten.

»So ein fleißiger junger Mann. Ein Jammer, denn er hätte noch so viel in seinem Leben erreicht. Er hat dir, liebe Hannah, den Himmel auf die Erde geholt; er war immer so anständig ...«

Hannah konnte es nicht mehr hören.

Wenige Wochen nach Roberts Tod kamen die ersten Mahnbriefe ihrer Hausbank. Sie vereinbarte mit dem zuständigen Sachbearbeiter einen Termin und erfuhr dann, dass sie hoch verschuldet war.

Ihr Mann hatte einen viel höheren Kredit aufgenommen, als mit ihr besprochen. Gutgläubig hatte sie ihm ja alles, was er ihr vorgelegt hatte, unterschrieben. Selbst die Bank hatte Bedenken gehabt, aber aufgrund der Bürgschaft, die sie unterschrieben hatte, letztendlich doch zugestimmt. Von alledem hatte sie nichts geahnt. Nun stand sie vor einem Scherbenhaufen. Roberts und nun ihre Firma stand seit dem Tod ihres Mannes unter der Leitung des zuverlässigen Herrn Thompsons. Doch auf die Dauer war das keine Lösung. Sie musste verkaufen.

Sie versuchte, die Firma so gewinnbringend wie nur möglich zu verkaufen. Mithilfe von Herrn Thompson gelang es ihr schließlich. Die Verträge waren bereits unterschrieben und in ein paar Tagen sollte die Schlüsselübergabe stattfinden, als eines Abends Herr Thompson bei Hannah klingelte. Überrascht öffnete sie ihm und ließ ihn eintreten. Die angebotene Tasse Kaffee nahm er gerne an. Sie sprachen über alles Mögliche, aber dann bemerkte Hannah, dass ihn etwas bedrückte.

»Kann ich Ihnen helfen? Ich würde gerne bei Ihnen etwas gutmachen, da Sie mir in dieser schweren Zeit sehr geholfen haben«, bot Hannah ihm an.

»Danke, nein. Ich tue es nicht gern, aber es muss wohl sein. In diesem Karton, den ich mitgebracht habe, sind noch persönliche Sachen Ihres Mannes. Sie haben das Recht, sie zu bekommen. Leider«, fügte er noch bedauernd hinzu.

Bald darauf verabschiedete sich Herr Thompson. Neugierig geworden, öffnete sie den Karton. Obenauf lagen einige persönliche Dinge von Robert. Dann entdeckte sie ein Foto. Auf einer Bank saßen ein Mann und eine Frau: Robert mit seiner Sekretärin. Er hatte den Arm um sie gelegt und sie lächelte ihn glücklich an. Neben der Bank standen zwei von Roberts Mitarbeitern. Das war eindeutig bei einem Betriebsausflug gewesen. Robert hatte sie nie mitgenommen, da er nur mit seinen Kollegen zum Biertrinken ging – ohne Frau Ford! Bei diesen Gesprächen würden Frauen sich nur langweilen, hatte er stets noch hinzugefügt.

Zwei weitere eindeutige Fotos befanden sich in dem Karton. Robert hatte sie betrogen!

Einige Rechnungen von verschiedenen Restaurants, zwei Kinoeintrittskarten, ein ziemlich eindeutiger Zettel mit dem Vermerk: *Ich freue mich auf dich.* In diesen war eine silberne Kette mit einem Herz-Anhänger eingewickelt. Mit wüsten Beschimpfungen warf sie das kitschige Schmuckstück in die hinterste Ecke des Zimmers. Sie überkam eine furchtbare Wut. Erst auf sich selbst, weil sie nie nachgebohrt hatte, und dann auf Robert. Was würde ihre Freundin Lea jetzt wohl sagen? Na klar, kein Mann ist es wert, um ihm auch nur eine halbe Träne nachzuweinen – und recht hatte sie! Hannah schnäuzte sich kräftig und holte tief Luft.

Seit Roberts Unfall hatte sie versucht, alle negativen Gedanken zu verdrängen, um eine positive Erinnerung an Robert zu behalten. Sie hatte sich geweigert, auch nur daran zu denken, er hätte eine Affäre mit seiner Sekretärin gehabt. Das wäre doch wirklich zu klischeehaft gewesen. Sicherlich hatte er Frau Ford zu wichtigen Kunden mitnehmen müssen, hatte sie sich einzureden versucht. An seiner Liebe hatte sie sich aufrichten können, das dämpfte den Schmerz um seinen Tod etwas. Doch nun hatte sie nicht einmal mehr das! Sie hatte nur noch die Gewissheit, dass ihr Leben mit Robert Lug und Betrug gewesen war, dass er mit ihrer aufrichtigen Liebe gespielt hatte.

Der Verkauf der Firma brachte ihr zwar einiges Geld ein, deckte jedoch nicht ganz den Kredit, den sie nun alleine abbezahlen musste.

Als ihr Vater bei erstbester Gelegenheit wieder mit seiner Lobeshymne auf seinen verstorbenen Schwiegersohn begann, sagte Hannah ihm, was ihr Leben nun beherrschte: arbeiten wie eine Verrückte, um das »Vermächtnis« ihres Mannes zu bezahlen.

Erst als sie ihrem Vater das Bild, das Robert mit Jennifer Ford zeigte, unter die Nase hielt, verstummte er. Wortlos überwies er ihr einen größeren Geldbetrag und sprach danach nie mehr über diese Angelegenheit. Auch sie vermied es.

KAPITEL 2

Nach Roberts Tod zog sie in eine kleinere Wohnung.
 Anfangs hatte sie Jennifer Ford alle Schuld zugeschoben, doch mit der Zeit hatte sie erkannt, dass Robert mindestens genau so viel Schuld hatte. Er hatte ihr Vertrauen missbraucht und ihre Gutgläubigkeit ausgenutzt. Dass er dafür mit seinem Leben bezahlt hatte, fand sie trotz aller Wut auf ihn tragisch.
 Doch das Leben hielt noch einen weiteren Schicksalsschlag für sie bereit. Ihr Chef teilte ihr ein Jahr später mit, dass er seine Kanzlei schließen werde, oder besser gesagt, sie einem anderen Kollegen übergeben müsse, da er nicht mehr der Jüngste war. Sein Arzt hatte ihm dringend geraten, in den Ruhestand zu treten. Allerdings würden bis dahin noch ein paar Monate vergehen, doch sollte sie sich jetzt schon mal nach einer anderen Arbeit umsehen, denn ob der Kollege sie übernehmen würde, konnte er ihr nicht versprechen.
 Genervt meldete sie sich beim Arbeitsamt an, um einen Beratungstermin zu vereinbaren. Doch auch hier hatte man keine positiven Nachrichten für sie. Man teilte ihr mit, dass es in ihrem Beruf sehr schwierig sei, einen Job zu finden, da momentan der Bedarf sehr gering sei. Außerdem spreche sie nur Englisch und keine weiteren Fremdsprachen, was die Jobsuche zusätzlich erschweren würde. Am besten wäre es, Kurse in weiteren Fremdsprachen zu belegen, meinte die nette Dame vom Arbeitsamt. Selbstverständlich müsste Hannah diese selbst bezahlen, denn momentan habe das Arbeitsamt keine derartigen Kurse anzubieten.

Hannahs bisheriges Leben lag in Trümmern vor ihr und ihre Zukunft verhieß auch nichts Gutes. War das Leben überhaupt noch lebenswert? Stets war es ein Kampf und letztendlich fing sie immer wieder von vorne an.
 Eigentlich war sie des Lebens müde und das, obwohl sie nicht mal die Hälfte ihres Lebens hinter sich hatte – zumindest ging Hannah davon aus.

Was hatte der alte Pfarrer einst gepredigt? Das Leben sei von Gott geschenkt, man dürfe es unter keinen Umständen von eigener Hand beenden? Na ja, damit hatte er sicher recht, aber dass Selbstmörder nicht in den Himmel kommen, das konnte er doch gar nicht so genau wissen, oder? Sie werden am Dorfrand, ohne Segen beerdigt, hatte er noch mit fest zusammengepressten Lippen undeutlich hervorgebracht. So ein Schwachsinn! Aber als Kind hatte sie fest daran geglaubt! Aber wieso schwirrten ihr jetzt solche schrecklichen Gedanken im Kopf herum? Nein, Selbstmord begehen würde sie sicher nicht, aber in solchen dunklen Augenblicken einfach daran zu denken und darin Halt zu finden, das erlaubte sie sich dann doch. Irgendwie würde sie schon einen anderen Ausweg finden, hoffte sie.

Ungefähr acht Wochen waren in banger Ungewissheit vergangen, als ihr Chef sie erneut zu sich rief.

»Bitte, Hannah, bringen Sie mir eine Tasse Kaffee und für sich auch eine! Ich muss mit Ihnen sprechen.«

Als Hannah mit nur einem Kaffee zu ihrem Chef ins Büro trat, saß dieser ziemlich nervös an seinem Schreibtisch.

»Danke. Ähm, liebe Hannah, setzen Sie sich doch.«

Verlegen suchte er nach den passenden Worten und rührte ununterbrochen, ziemlich nervtötend für Hannah, in seiner Kaffeetasse.

»Da ich nicht weiß, wie ich beginnen soll, sage ich es einfach ganz direkt. Ich hoffe, es ist Ihnen recht?«

»Ja, Herr Dr. Hillman. Ich kann mir schon denken, worum es geht.«

Jetzt wird er mir gleich einen schicksalhaften Schlag versetzen, dachte Hannah grimmig.

»So leid es mir auch tut, am übernächsten Monatsanfang wird Herr Dr. David Kerner meine Anwaltskanzlei übernehmen. Das Gute an der Sache für Sie ist, dass er bereit ist, Sie zu übernehmen. Vorausgesetzt natürlich, dass Sie und der Kollege sich sympathisch sind. Ich habe Sie in den höchsten Tönen gelobt und wärmstens empfohlen und alle Ihre Fähigkeiten hervorgehoben. Vorerst wird er Ihnen einen befristeten Arbeitsvertrag anbieten.

Morgen wird er uns einen Besuch abstatten, nicht zuletzt, um Sie kennenzulernen. Die Formalitäten der Übergabe, die die Kanzlei betreffen, habe ich mit Dr. Kerner bereits am Wochenende hinter mich gebracht, was mir, wie Sie sich denken können, nicht leicht gefallen ist. Aber durch sein Entgegenkommen in vielen Dingen hat er es mir doch leichter gemacht, als ich anfangs befürchtet hatte.«

Was interessiert mich das noch?, dachte Hannah. Sie wurde einfach weitergereicht, ja, weitergereicht wie ein Möbelstück.

»Immer waren Sie mir eine treue und ehrliche Mitarbeiterin und darum werde ich Ihnen auch eine kleine Entschädigung zukommen lassen. Nun bitte, sagen Sie doch etwas.«

Du kannst dir deine Entschädigung sonst wo hinstecken!, hätte sie gerne geantwortet, aber ihre gute Erziehung ließ das natürlich nicht zu. Stattdessen erwiderte sie: »Wirklich sehr nett, ich danke Ihnen.«

Sie wechselten noch einige belanglose Worte und dann wurde sie für den Vormittag mit den Worten entlassen: »Also, morgen um 10 Uhr kommt dann der Kollege! Wenn Sie uns bitte frisches Obst besorgen, da er eine vierstündige Anreise hat und außerdem jeden Vormittag frisches Obst zu sich nimmt, wie ich von ihm erfahren habe.«

Sollte er ruhig kommen, den Knaben wollte sie sich schon genauer ansehen. Falls es so ein eingebildeter Schnösel war, würde sie ihm seinen Vertrag um die Ohren hauen. Außerdem würde sie sich das mit dem frischen Obst noch überlegen müssen, nahm sie sich vor. Sollte er doch verhungern.

Als sie an diesem Abend mit ihrer Freundin Lea in einem kleinen Pub saß und ihr den Vormittag schilderte, kicherte diese.

»Also, in dem seiner Haut möchte ich nicht stecken, wenn du deinen neuen Chef mit deinem Eisbärblick empfängst.«

Hannah grinste etwas säuerlich und betrachtete ihre Freundin. Leas dunkle Haare standen etwas strubbelig vom Kopf ab und ihre ausdrucksvollen Augen strahlten voller Lebensfreude. Ihre Zähne waren weiß und gleichmäßig und auch ihre Figur konnte sich sehen lassen. Die Kleidung war wie immer farblich gut abgestimmt und sportlich. Kurz gesagt, eine Frau, nach der sich die Herren der Schöpfung umdrehten. Doch auch sie selbst konnte mit Lea mithalten, fand sie. Ihre eigene Statur war etwas schmaler als die ihrer Freundin, und ihre Zähne nicht so gleichmäßig, doch ihre Augen waren genauso ausdrucksvoll. Ihre Kleidung wählte sie meist etwas in die elegantere Stilrichtung, wobei sie aber auch sportliche Kleidungsstücke besaß. Sie wirkte insgesamt etwas strenger, was daran liegen mochte, dass sie ihre dunkelblonden Haare, die sie schulterlang trug, entweder hochsteckte oder zu einem Pferdeschwanz zusammenband. Würden sie einen Wettbewerb starten, in dem es um die Weiblichkeit ging, würde Hannah eindeutig als Siegerin hervorgehen. Lea stellte eher den Typ dar, mit dem man Pferde stehlen konnte.

»Was guckst du nur so nachdenklich? Wenn du mit dem Kerl nicht fertig wirst oder er dir blöd kommt, ruf mich an und ich komme zur Verstärkung.«

»Ach Lea, irgendwie habe ich ein ungutes Gefühl.«

»Das glaube ich dir gern. Sei mir nicht böse, aber du bist eine junge Frau und du läufst herum, als seist du tot und nicht Robert, aber du lebst doch noch! Zieh endlich etwas Fröhliches an, zeig deine hübsche Figur und unternimm endlich wieder mehr. Dann kehrt auch bei dir die Lebensfreude wieder ein. Du bist nämlich nur noch griesgrämig und unleidlich. So wie – ein altes Weib …« Abwartend beobachtete Lea ihre Freundin und fügte zur Krönung noch hinzu: »Bei deinem Anblick würde sogar ein Wackelpudding erstarren.«

Hannah fühlte sich, als habe man ihr einen Eimer kaltes Wasser über den Kopf geschüttet. Mühsam brachte sie hervor: »Was erlaubst du dir?« Dann wurde sie etwas lauter: »Was erlaubst du dir bloß! Mich so runterzumachen – ich glaube, du hast nicht alle Tassen im Schrank!«

»Siehst du, für den Anfang war das schon gar nicht schlecht! Hau einfach mal auf den Tisch und lass deine Gefühle raus, es geht dir hinterher bestimmt viel besser.«

Lea legte ihre Hand auf Hannahs Arm und sah sie ernst an: »Ich mag dich doch und will dir nur helfen, doch du bist wie ein Krokodil, tauchst einfach immer nur ab! Denk mal darüber nach und du wirst sehen, dass ich recht habe.«

Vielleicht hatte sie ja recht. Aber nun wollte sie erst mal alleine sein.

»Nachdem du mir den Abend gründlich verdorben hast, Frau Psychologin, meine ich, es ist besser ihn zu beenden.« Hannah schmollte.

»Bitte, wie du meinst.«

Die beiden im Wesen sehr unterschiedlichen Frauen bezahlten ihre Rechnungen und fuhren nach einer frostigen Verabschiedung nach Hause. Beide waren froh, sich für den heutigen Abend getrennt zu haben.

Mit Hannah wird es immer schwieriger, dachte Lea. Ich habe keinen Spaß mehr mit ihr. Es gibt mit ihr keine Kino- oder Theaterbesuche und auch keine gemütlichen Plauderabende mehr. Dafür immer nur dunkle Gedanken, nein, es macht wirklich keine Freude mehr mit ihr!

Der Wecker klingelte. Automatisch drückte Hannah auf den Aus-Schalter und drehte sich in ihrem warmen, behaglichen Bett auf die andere Seite. Am liebsten würde sie heute gar nicht aufstehen. Dieser blöde Dr. Kerner sollte ihr doch den Buckel runterrutschen! Und wenn sie sich heute einfach krank meldete?

Schnell schob sie diese Gedanken beiseite – sie würde es doch nicht fertigbringen, ihren Chef anzulügen und ihn derart in der Klemme sitzen zu lassen. Und wichtig war es für sie dann doch, diesen Kerner kennenzulernen. Nur noch fünf Minuten, dann musste sie aber wirklich aufstehen, um pünktlich zur Arbeit zu kommen. Obendrein nahm sie sich vor, würde sie heute wirklich einmal wieder etwas Freundlicheres anziehen. Angenommen, ihr zukünftiger Chef würde nett sein, da wollte sie auch mit ihrem Äußeren Eindruck auf ihn machen.

Nur noch fünf Minuten, dachte sie müde und schlief dann dummerweise sofort wieder fest ein. Durch lautes Hundegebell wurde sie dann unsanft geweckt. Sicher der Hund des Nachbarn, dachte sie genervt und öffnete schlaftrunken die Augen. Sie sah auf die Uhr und fluchte. Zehn Minuten vor acht Uhr! Normalerweise saß sie um diese Zeit längst an ihrem Schreibtisch und der Kaffeeduft zog schon durch die Zimmer. Mit einem Sprung hechtete sie aus dem Bett und zerrte an ihrer Kleiderschranktür. Sogar die hatte sich heute gegen sie verschworen. Doch dagegen half ein grober Fußtritt und die Tür gab quietschend nach.

Wo war bloß ihre neue schwarze Jeans geblieben? Na, was soll's, die ältere Hose tat es ja auch noch. Sie wirkte ein wenig verwaschen und die schwarzen Nähte glänzten schon verdächtig, aber bei ihrer hauptsächlich sitzenden Tätigkeit ließ sich das gut verbergen. Hastig griff sie nach einer etwas helleren Bluse und knöpfte sie hektisch zu. Im Bad griff sie zur Zahnbürste, schrubbte kurz über die Zähne und spuckte die Zahnpasta sogleich wieder aus. Einmal mit der Bürste durch ihre schulterlangen Haare, die sie dann lediglich mit einem Gummiband zusammenband, und sie war fertig. Zum Schminken blieb keine Zeit mehr. Das würde sie in der Kanzlei erledigen. Der olle Dr. Kerner würde bestimmt nicht vor der vereinbarten Zeit erscheinen. Sie würde das Obst noch vor Arbeitsantritt einkaufen und somit etwas Zeit sparen.

Schnell packte sie ihre Handtasche und sauste im Eiltempo zu ihrem Auto.

Auf dem Weg zur Arbeit kroch der Verkehr langsam dahin. Schneckenlahme Fahrer und ausschließlich rote Ampeln kosteten sie fast ihren letzten Nerv. Ziemlich nervös näherte sie sich endlich dem schönen alten Haus, in dem sich die Kanzlei befand. Ausnahmsweise fand sie sofort einen Parkplatz. Wenigstens heute hatte sie einmal Glück, denn meistens musste sie mindestens eine Ehrenrunde drehen, bis sie einen Parkplatz fand. Kurz abgebremst, das Lenkrad nach links eingeschlagen, fuhr sie zügig in die Parkbucht. Ein verzweifelter Blick zur Uhr – bereits acht Uhr und zwanzig Minuten! Hannah fluchte nicht gerade damenhaft vor sich hin.

Im selben Augenblick, als sie hastig ihr Auto verließ, stieg ein Mann aus einem Auto, das er direkt hinter dem ihren abgestellt hatte.

»Na, Sie haben vielleicht Nerven! Dort können Sie unmöglich parken«, empörte sich Hannah, während sie mit den Fingern auf sein Auto deutete.

»Junge Frau! Falls Sie es nicht bemerkt haben sollten, diese Parklücke habe ich vor Ihnen gesehen und war gerade im Begriff einzuparken, als Sie sich von der anderen Seite vordrängelten.«

»Das kann nicht sein, denn ich habe niemanden gesehen – auch Sie nicht«, fügte sie fast trotzig hinzu.

»Ich glaube Ihnen sogar, denn Ihr Gesichtsausdruck verriet mir gleich: Diese junge Dame ist gedanklich gar nicht anwesend! Wer weiß ...«

»So ein Blödsinn, für den ich auch überhaupt keine Zeit habe. Suchen Sie sich doch einen anderen Parkplatz – und viel Glück dabei«, ergänzte sie noch ein bisschen schadenfroh und ließ ihren Blick über den besetzten Parkplatz wandern.

Mit wehendem Mantel lief sie auf den Eingang zu und sah sich nicht mehr um. Noch ganz außer Atem entschuldigte sie sich bei ihrem Chef, warf ihren Mantel über ihren Schreibtisch und ließ sich aufseufzend in ihren Stuhl fallen. Im selben Augenblick ertönte die Sprechanlage, die mit dem Chefzimmer verbunden war.

»Bitte vergessen Sie das frische Obst nicht.« Es klickte und der Chef war aus der Leitung.

Verdammt, das hatte sie wirklich vergessen! So ein Stressmorgen, dachte sie wieder.

Noch mal in ihren Mantel geschlüpft, beim Chef abgemeldet und schon war sie wieder unterwegs. Etwa drei Minuten entfernt befand sich ein kleiner Laden – in dem noch persönlich bedient wurde. Gegenüber der Kasse befand sich ein kleines Stehcafé. In ihrer Mittagspause hatte sie dort schon öfter einen Cappuccino getrunken und eine Kleinigkeit gegessen.

Flotten Schrittes betrat sie den Laden. Zwei ältere Damen wurden bereits bedient. Die Nächste war sie, es konnte nicht mehr lange dauern.

»Guten Morgen! Es freut mich, Sie so schnell wiederzusehen«, sprach sie jemand an. Erstaunt drehte sich Hannah um und sah dem Mann, dem sie den Parkplatz vor der Nase weggeschnappt hatte, geradewegs in sein lächelndes Gesicht.

»Keine Bange, auch ich habe noch einen guten Parkplatz gefunden.«

»Das interessiert mich nicht im Geringsten«, kam es unfreundlich von Hannah.

»Darf ich Sie trotzdem zu einer Tasse Kaffee einladen, sozusagen zur Versöhnung?«

»Nein, geben Sie sich keine Mühe. Sie wären wirklich der Letzte, mit dem ich einen Kaffee trinken würde! Lassen Sie mich in Ruhe!«

»Danke, das hat gesessen. Ich wollte Sie nicht belästigen. Ich wünsche Ihnen noch einen schönen Tag.«

Er fügte noch ein kurzes Kopfnicken hinzu und ging, ohne sich noch einmal nach ihr umzublicken, zu einem der Stehtische. Hannah bedachte ihn noch mit einem hochmütigen Blick und drehte sich um, denn eben wurde sie gefragt, was sie denn wünsche.

»Wenn Sie so nett sein würden, mir von verschiedenen Obstsorten jeweils ein paar von den schönsten Früchten einzupacken, da wir in der Kanzlei hohen Besuch erwarten.« Ihre Stimme tropfte nur so vor Sarkasmus. Dazu verdrehte sie ihre Augen himmelwärts und schnitt eine Grimasse. Die Verkäuferin lachte und fragte nach, ob das der Klient sein, den Hannah letztens als besonders schwierig beschrieben hatte.

Hannah schüttelte den Kopf: »Nein noch schlimmer!«

Endlich hatte sie ihren Einkauf erledigt und drückte hastig mit dem Ellenbogen die Tür auf, als eine der Papiertüten riss und sämtliches Obst auf den Boden fiel und fröhlich herumrollte. Vor Wut hätte sie am liebsten geheult, aber sie schluckte tapfer die Tränen hinunter und fluchte leise vor sich hin. Was für ein Morgen! Das hatte jetzt gerade noch gefehlt. So viel Pech konnte doch keiner haben!

Ärgerlich begann sie das Obst aufzusammeln. Ihre morgendliche Bekanntschaft hatte das Missgeschick mitverfolgt und half ihr sogleich beim Aufsammeln. Als schließlich alles wieder in einer neuen Tüte verstaut war, bedankte sie sich bei dem hilfsbereiten Mann.

»Das war wirklich sehr nett von Ihnen. Vielen Dank!«

»Gern geschehen. Allerdings haben Sie jetzt lauter angeschlagene Früchte, schade drum.«

Ironisch erklärte sie: »Ach, halb so schlimm. Ich muss das Obst sowieso nur für meinen zukünftigen Chef besorgen, den ich noch nicht einmal kenne. Und wenn er es nicht essen will, dann soll er es halt bleiben lassen. Da es ja nicht gerade billig ist, kaufe ich auch kein neues Obst! Aber was erzähle ich Ihnen das alles, das geht Sie doch wirklich nichts an. Außerdem bin ich schon sehr spät dran. Auf Wiedersehen!«

Galant hielt er ihr die Tür auf, murmelte jedoch undeutlich so etwas wie »Zicke« und sie beeilte sich, ohne ihn eines weiteren Blickes zu würdigen, den Laden zu verlassen.

Zum Glück war Dr. Kerner noch nicht eingetroffen. Erleichtert wusch sie das lädierte Obst und ordnete es auf einem schönen Teller an. Hier und da drehte sie noch einige der Früchte, damit die angeschlagenen Stellen nicht sofort sichtbar waren. Kurze Zeit später platzierte sie auf dem Tisch im Konferenzraum verschiedene Getränke, Süßigkeiten und den großen Obstteller.

Jetzt war der *Herr Doktor* noch nicht mal da und sie hatte schon Stress ohne Ende. Das konnte ja heiter werden. Seufzend ging sie zurück in ihr Büro. Sie nahm ihre große Tasche, stellte sie auf den Schreibtisch und wühlte darin. Wo war nur ihr Schminktäschchen geblieben? Als sie fündig geworden war, klingelte es an der Tür. Ärgerlich ließ sie es wieder in die Tasche zurückgleiten. Die Zimmertür des Chefs öffnete sich und Dr. Hillman eilte in die Empfangshalle. Gemächlich folgte ihm Hannah und verkniff sich ein Lachen. Für Dr. Kerner war es fast noch zu früh und so konnte es nur der Postbote sein. Doch niemand Geringerer als der Mann vom Parkplatz trat ein. Hatte er ihr nachspioniert? Was wollte *der* denn …?

»Einen wunderschönen guten Morgen. Hatten Sie eine gute Fahrt, Herr Dr. Kerner?«

»Guten Morgen Herr Dr. Hillman. Danke der Nachfrage. Ich traf etwas früher als erwartet ein, da es heute keinen Stau auf der Autobahn gab.«

Als er Hannah mit großen Augen und sehr erstauntem Gesichtsausdruck hinter ihrem Chef stehen sah, fügte er noch hinzu: »Nur mit dem Parkplatz hatte ich erst etwas Pech, aber schließlich wurde ich doch noch fündig.«

Hannahs Gesicht wurde dunkelrot. Seine spitze Bemerkung zeigte, dass er nachtragend war. Das fing ja schon gut an! Wäre sie doch bloß im Bett geblieben!

»Ja, das leidige Thema mit den Parkplätzen. Auch ich ärgere mich fast täglich darüber. Darf ich Ihnen nun meine ›rechte Hand‹ vorstellen, Frau Hannah Langer.«

»Guten Morgen Frau Langer! Ich hoffe, Sie hatten bisher einen angenehmen Morgen!«

»Guten Morgen Herr Dr. Kerner. Bis auf wenige Missgeschicke kann ich nicht klagen«, kam es eiskalt von Hannah zurück.

Sie fing einen verwunderten Blick von Dr. Hillman auf. Sie zuckte nur mit den Schultern und bat die beiden Herren in den Konferenzraum.

»Möchten die Herren Kaffee?«

Fast belustigt blickte sie während ihrer Frage auf Dr. Kerner.

»Danke nein, ich habe bereits gefrühstückt.«

Hörte sie in seinen Worten einen ironischen Unterton? Auch ihr Chef lehnte dankend ab. Bevor sie in ihr Büro zurückging, sagte sie: »Alle erforderlichen Unterlagen liegen in der roten Mappe. Und falls Sie frisches Obst wünschen, Herr D o k t o r K e r n e r, bedienen Sie sich bitte.«

Hannahs Chef erkannte sie nicht wieder. Was hatte sie bloß? Sie war doch sonst nicht so unfreundlich? Wieder in ihrem Büro ließ sich Hannah aufatmend in ihren Stuhl sinken. Alles vermasselt, wieso hatte sie immer nur Pech? Den Arbeitsvertrag würde sie sich nun in die Haare schmieren können. Am besten rief sie jetzt ihre Freundin Lea an, um sich ein bisschen abzulenken, denn an Arbeit war im Moment nicht zu denken. Und bis die beiden mit ihrem Gespräch fertig sein würden, das konnte dauern. Fünf Minuten später war Lea über alle Missgeschicke dieses verdrehten Morgens informiert.

»Solche Verwirrungen kannst auch nur du stiften. Jetzt hast du diesen Knallkopf bestimmt verärgert und er wird dir keinen Arbeitsvertrag anbieten.«

»Das denke ich auch.«

»Aber notfalls werde ich dich als mein Hausmädchen anstellen.« Lea kicherte albern.

»Willst du mich verscheißern? Ich habe Probleme ohne Ende und du machst dich auch noch lustig über mich. Also, das ist wirklich das Allerletzte ...«

»Nicht so stürmisch. Ich wollte dich doch nur ein wenig aufheitern.«

»Danke, das ist dir sehr gelungen!« Hannah ärgerte sich.

»Du, ich muss Schluss machen. Wenn Blicke töten könnten, würde ich augenblicklich tot umfallen. Meine Chefin hat heute ihren schlechten Tag und nichts kann ich ihr heute recht machen. Wahrscheinlich hat sie morgens in ihren Spiegel geguckt und sich furchtbar erschrocken. Du, ich rufe dich heute nach der Arbeit an, denn jetzt muss ich sie etwas aufheitern – irgendwie tut sie mir leid. Bis dann. Tschau.« Lea lachte und beendete das Gespräch.

Ihre Freundin Lea war schon ein Original. Meistens erweckte sie den Anschein, als ob sie nie etwas richtig treffen oder gar erschüttern könnte. Sie wirkte oft so stark, ganz anders, als sie selbst. Doch in ihrem Herzen war sie ...

Die Sprechanlage ertönte: »Hannah, bitte unterbrechen Sie Ihre Arbeit und kommen zu uns ins Konferenzzimmer.«

Arbeit unterbrechen war gut. An Konzentration war ja heute sowieso nicht zu denken. Gut, dass wenigstens niemand anrief. An manchen Tagen klingelte das Telefon ununterbrochen, was ziemlich nervig sein konnte, da sie ihre Arbeit ständig unterbrechen musste. Erst nach den offiziellen Öffnungszeiten der Kanzlei konnte sie in Ruhe arbeiten. Ihr Chef machte stets pünktlich Feierabend und der Anrufbeantworter fing die Anrufe ab. So auf ihre Arbeit konzentriert, passierte es ihr zuweilen, dass sie die Zeit vergaß. Arbeit hatte sie mehr als genug und demzufolge häuften sich ihre Überstunden. Viel Privatleben blieb ihr nicht, aber sie empfand es nicht als schlimm, da sie dadurch nicht ständig ihren Grübeleien ausgesetzt war. Zeitweise vergrub sie sich sogar in ihre Arbeit.

Na, sei's drum. Jetzt musste sie sich erst mal in die Höhle des Löwen begeben: zu Dr. Kerner!

Sie klopfte kurz an und betrat das Zimmer. Dr. Kerner stand sofort auf und ließ sich erst wieder nieder, als sie sich gesetzt hatte. Aha, dachte sie, Benehmen hat er schon mal.

»Zigarette?« Dr. Hillman hielt ihr ein zerknautschtes Päckchen hin. Hannah nahm sich eine davon und drückte sie an einer Seite etwas zusammen.

»Danke, gern«, murmelte sie dabei. Wieder einmal war sie dankbar, dass ihr Chef rauchte.

Dr. Kerner griff nach dem Feuerzeug und bemerkte mit belustigtem Blick auf Hannahs Zigarette, dass er selten Frauen gesehen habe, die so starke Zigaretten und dann auch noch ohne Filter rauchten.

»Sie verkehren sicher nur in gehobenen Kreisen und dort wäre es auch sehr unschicklich«, konterte sie spöttisch.

Ihr Chef musterte sie mit hochgezogenen Augenbrauen, bevor er sich räusperte und sagte: »Wie auch immer, wir sollten jetzt über Sie sprechen, Hannah. Unser lieber Gast hat Ihnen einen Arbeitsvertrag zur Ansicht mitgebracht, mit sehr guten Konditionen, wie ich feststellen konnte. Ich habe mir erlaubt, schon vorab darin zu lesen, da ich Sie möglichst gut versorgt wissen möchte.« Väterlich tätschelte er ihr die Hand.

Er hört sich an wie mein Vater, dachte sie ärgerlich und was sollte das mit dem lieben Gast? Ihr Chef war doch noch nie ein Schleimer gewesen!

Dr. Kerner sprach nun sehr sachlich über seine Vorstellungen von einer Zusammenarbeit. Im Großen und Ganzen deckten sich seine Wünsche mit Hannahs. In beruflicher Hinsicht versprach es sehr interessant zu werden. Er hatte ein breiteres Aufgabenspektrum als ihr bisheriger Chef. Außerdem sollte sie bei seinen Gerichtsterminen mit anwesend sein und ihn bei eventuell anfallenden kurzen Geschäftsreisen begleiten. Auch kleinere Empfänge für die wichtigsten Klienten gebe er so dann und wann, wie er sich ausdrückte, und da er nicht verheiratet sei – es noch nie war, fiele auch die Organisation dieser Aktivitäten in den Bereich seiner Sekretärin.

Sie verstand, er brauchte eine Frau fast rund um die Uhr, die kein eigenes Privatleben hatte. Da war sie genau die Richtige: Eine jüngere Witwe, die keine Ambitionen hatte, ins richtige Leben zurückzukehren. Also ohne Privatleben und jederzeit abrufbar. Gerne hätte sie ihn gefragt, ob sie auch in den Nächten verfügbar sein müsse, doch sie unterließ es. Stattdessen hörte sie Dr. Kerner sagen, dass ihre Qualifikationen sehr gut wären, wie er bereits von ihrem Chef erfahren hatte und wenn sie nur halb so tüchtig war, wie Dr. Hillman sie beschrieb, so würde er schon zufrieden sein. Ihr bisheriger Chef war so frei gewesen und hatte ihm ihre Personalakte zur Einsicht gegeben und die war wirklich ausgezeichnet! Wohlwollend betrachtete Dr. Kerner sie und lehnte sich in dem bequemen Chefsessel zurück. Er gab sich so, als wäre er bereits ihr Chef, dachte Hannah missmutig.

»In finanzieller Hinsicht werden wir uns sicher einig. Außerdem würde ich eine Bürohilfe einstellen, die Ihnen ganztags zur Hand geht und den Telefondienst in Ihrer, beziehungsweise unserer Abwesenheit übernimmt. Liebe Hannah, ich hoffe, ich darf Sie so nennen, Sie sind eine junge Frau mit viel Willensstärke, wie ich bereits erfahren habe. Sie besitzen Selbstbewusstsein und sind mit den besten Qualifikationen versehen. Ich denke, wir sollten es zusammen versuchen. Wie denken Sie darüber? Und falls Sie Fragen zu meiner Person haben, bitte fragen Sie.«

Wow, sie konnte überhaupt nicht mehr klar denken. Erstaunt hatte sie seiner Rede gelauscht. Sie war fasziniert, auch wenn ihr das überhaupt nicht gefiel. Also reden konnte der ...

»Äh, ja, ich müsste allerdings eine Nacht darüber schlafen, denn das ist jetzt alles ein bisschen viel«, stammelte sie. »Aber ich würde gerne wissen, warum Sie Ihre bisherigen Mitarbeiter nicht in der Kanzlei arbeiten lassen.«

Hannah fing einen strafenden Blick von ihrem Chef auf. Jetzt zollte sie dem netten Dr. Kerner sein großzügiges Angebot auch noch mit Misstrauen. Kaum zu glauben!

Sie drückte ihre Zigarette im Aschenbecher aus und sah dann direkt in die Augen von Dr. Kerner. Na und, er war doch auch ziemlich direkt. Wenn er nichts zu verbergen hatte, würde er schon antworten. Lieber vorweg alles klarstellen.

»Gut, dass Sie das ansprechen. Ein junges Mädchen, das sich in dem letzten Jahr ihrer Ausbildung befindet, die Petra, wird mich begleiten. Sie wird für die letzten Monate ihrer Ausbildung auch in dem Haus, das ich gekauft habe, ein Zimmer bewohnen. Daraus aber bitte keine voreiligen Schlüsse ziehen, denn Petra hat einen festen Freund und verlässt uns nach Beendigung ihrer Ausbildung wieder.

Meine bisherige Sekretärin weigert sich schlicht und einfach, mit mir zu kommen, denn wie Sie wissen, hatte ich meine Kanzlei sowie auch meinen Wohnsitz etwa eine vierstündige Autofahrt von hier entfernt. Mit ihren dreiundfünfzig Jahren, ihrem Mann und all ihren Freunden möchte sie keinen Wohnungswechsel mehr und schon gar nicht in eine Stadt, die so groß ist wie diese. Die gleichen Beweggründe teilte mir unsere Bürohilfe mit, der ich dann leider auch kündigen musste. Irgendwie ist das ja auch verständlich. Eine Stadt zu verlassen, in der man aufgewachsen ist, ist sicher nicht leicht. Da ich keine Familie zurücklasse, keine Frau, meine Eltern sind vor vielen Jahren bei einem Zugunglück ums Leben gekommen, und ich keine Geschwister habe, so fällt mir ein Wohnungswechsel relativ leicht. Ich freue mich schon sehr darauf, in einer neuen Umgebung zu leben und viel Neues und Interessantes kennenzulernen, zumal ich ein wunderschönes Haus gekauft habe. Und obendrein zu einem günstigen Preis«, fügte er noch zufrieden hinzu.

Diese Rede hatte Hannah sehr imponiert. Er schien ehrlich zu sein. Er fing an ihr zu gefallen. Wie lange war es schon her, dass sie sich zu einem Mann hingezogen gefühlt hatte! Konnte sie überhaupt noch Gefühle für jemanden entwickeln? Sie fand, sie war auf dem besten Wege dazu, aber leider an einem falschen Ort, zum falschen Zeitpunkt und was ausschlaggebend war, für den falschen Mann!

Seine Augen waren fragend auf sie gerichtet.

»Tja, wenn es Ihnen recht ist, ähm, würde ich Ihnen morgen Bescheid geben.« Verflixt noch mal, warum war sie nur so nervös?

Er blickte sie so durchdringend an, als könnte er ihre Gedanken lesen. Langsam wurde es in ihrer Magengegend etwas unruhig. Lange Zeit hatte sie kein solches Magenkribbeln mehr empfunden.

Er nickte zustimmend und wandte sich wieder Hannahs Chef zu: »Ich hoffe, lieber Kollege, Sie stehen mir in der ersten Zeit mit Ratschlägen zur Seite.«

»Sehr gerne, aber ich denke, meine Ratschläge werden Sie nicht benötigen. Wenn ich Sie – jungen Mann – ansehe, wird mir klar, eine neue und vielleicht bessere Arbeitsweise wird hier einziehen. Sie machen das schon!«

Junger Mann, dachte Hannah – so jung war er nun auch nicht mehr. Sicherlich war er mindestens zehn Jahre älter als sie selbst. Sie ordnete ihn in der Rubrik »mittleres Alter« ein.

Ihr Chef informierte seinen Nachfolger nun über einige wichtige Klienten, wobei Hannah nur mit halbem Ohr zuhörte. Unauffällig beobachtete sie Dr. Kerner und stellte fest, dass er ihr immer besser gefiel.

Ein wirklich interessanter Mann. Um ihre aufsteigenden Gefühle nicht zu verraten, setzte sie ein sehr ernstes, fast hochmütiges Gesicht auf.

Während des Gespräches nahm er sich nach einer kurzen Bitte einen Pfirsich, biss herzhaft hinein und bedankte sich dann sehr erfreut über diesen besonders wohlschmeckenden Pfirsich. Selten habe er so gutes Obst bekommen, lobte er und sah Hannah übertrieben strahlend an.

So ein Flegel! Er nahm sie ja ganz schön auf den Arm, doch das würde er schon noch zurückbekommen, nahm sie sich vor. Kurze Zeit später verabschiedete er sich mit der Entschuldigung, seinen Umzug mit einer Umzugsfirma besprechen zu müssen.

»Also, dann bis in sechs Wochen! Ich höre aber morgen oder spätestens übermorgen von Ihnen«, sagte er zu Hannah und drückte ihr seine Visitenkarte, auf der er seine Handynummer notiert hatte, in die Hand.

Als sie mit ihrem Chef wieder alleine war, sprach er über den Arbeitsvertrag, der sehr gute Konditionen beinhaltete. Abrupt wurden sie durch die Ankunft eines Klienten unterbrochen. Der Arbeitsalltag begann.

Hannah hatte es sich nach diesem aufregenden Tag mit einer großen Tasse Kakao und ein paar Keksen in ihrem Wohnzimmer gemütlich gemacht. Der neue Arbeitsvertrag lag noch im Umschlag vor ihr. Sie rief Lea an, um ihr von den Neuigkeiten zu erzählen.

»Stell dir vor, trotz meiner alten Klamotten und meiner abweisenden Art will mich Dr. Kerner einstellen. Ja, er freut sich sogar darauf«, erzählte Hannah aufgeregt.

Zweideutig schnalzte Lea mit der Zunge lautstark in den Hörer. »Ich kann mir schon denken, worauf sich der alte Lustmolch freut, wenn er dich trotz dieser Aufmachung einstellt. Der wird seinen Blick mehr auf deiner Oberweite haben als auf seinen Unterlagen. Und wenn du …«

»He, was du schon wieder denkst! Erstens ist er nicht alt und zweitens bin ich immer eine Augenweide, im Gegensatz zu dir.«

»Okay, lass uns nicht streiten. Ich ergebe mich! Du bist die Schöne und ich das Biest.«

»Mit dir kann man in letzter Zeit kaum noch vernünftig sprechen! Du bist mir ja eine schöne Freundin«, beschwerte sich Hannah.

Lea lenkte ein. Später dachte Hannah über die Worte ihrer Freundin nach. Hatte sie recht mit ihren Vermutungen? Sie dachte über ihr bisheriges Leben nach. War es wirklich erst zwei Jahre her, seit Robert diesen Unfall hatte? Momentan schien es ihr, als wären mittlerweile zehn Jahre verstrichen. Von Herrn Thompson hatte sie erfahren, dass Frau Ford eine Behinderung geblieben war. In welcher Art, hatte sie nicht in Erfahrung bringen können – und außerdem hatte sie sowieso kein Interesse an weiteren Informationen. Mitleid? Nein, Mitleid hatte sie nicht mit ihr.

Um den Grübeleien ein Ende zu setzen, sprach sie laut zu sich selbst: »Hannah, nun ist Schluss mit den trüben Gedanken, öffne endlich den Umschlag mit dem Arbeitsvertrag.«

Es dauerte eine ganze Weile, bis sie ihn durchgearbeitet hatte. Erstaunt betrachtete sie die Höhe ihres Anfangsgehalts. Es war um einiges höher als bei ihrem alten Chef. Da sah die Zukunft doch schon viel rosiger aus. Noch am gleichen Abend unterschrieb sie den Vertrag und nahm sich vor, sofort am nächsten Morgen bei Dr. Kerner anzurufen.

Die Zeit verging wie im Fluge und bald trat sie ihren ersten Arbeitstag bei Dr. Kerner an. Frühmorgens machte er sie mit ihrer neuen Kollegin Petra bekannt. Sie befand sich im letzten Ausbildungsjahr und schien sehr fleißig und kompetent zu sein, wie Hannah nach kürzester Zeit feststellen konnte. Ihre Zusammenarbeit mit der jüngeren Kollegin verlief problemlos. Die Mittagspause verbrachten sie meist gemeinsam und so dann und wann gingen sie auch am Abend zusammen zum Essen oder ins Kino. Die Wochenenden verbrachte Petra mit ihrem Freund.

Ihr neuer Chef behandelte sie sehr zuvorkommend und höflich. Mit keinem Wort hatte er den ersten Morgen erwähnt und auch sie hütete sich, ihn daran zu erinnern. Ohne dass er Hannah extra darum bitten musste, sorgte sie stets für frisches Obst und er bedankte sich damit, dass er ihr ab und zu von dem Obst etwas auf ihren Schreibtisch legte. Mal einen besonders schönen Apfel oder saftige Weintrauben, aber auch ein Stück von einer Melone, die er selbst besorgt hatte. Sie freute sich jedes Mal und war daher immer bemüht, besonders leckeres Obst ausfindig zu machen. Auch ertappte sie sich dabei, dass sie ihre Kleidung viel sorgfältiger auswählte und mehr Zeit im Bad verbrachte als vorher. Sie achtete wieder mehr auf ihr Äußeres.

Eines Tages, als sie von einer kurzen Vormittagspause zurückkam, stand auf ihrem Schreibtisch ein großer Blumenstrauß. Zwischen den Blumen steckten, an dünnen Stäben befestigt, kleine glitzernde Monde und eine Karte. Neugierig öffnete sie die Karte.

Vielen Dank für die gute Zusammenarbeit. Für mich sind Sie ein Glücksbringer!

Hannah konnte keinen klaren Gedanken mehr fassen. Ihr Chef! Ihr Chef bedankte sich bei ihr. Obwohl er sie monatlich mit einem großzügigen Gehalt versah, bedankte er sich dennoch extra mit diesem wunderschönen Blumenstrauß. Auch Petra, ihre Kollegin, sah verwundert auf die Blumen und las schließlich kopfschüttelnd die wenigen Zeilen. »So etwas sieht ihm gar nicht ähnlich.« Vertraulich zwinkerte sie Hannah zu, die geschmeichelt, aber doch ein bisschen verlegen, lächelte.

Nun war es also passiert: Seit einiger Zeit war Hannah in ihren Chef verliebt! Seinem ausgeglichenen Wesen, seinem Charme und seiner wohlklingenden Stimme und nicht zuletzt seinem Blick, mit dem er sie stets bedachte, konnte sie sich nicht entziehen. Außerdem war er ein Mann, der wusste, was er wollte.

Sie bemühte sich sehr, sich ihren Kolleginnen gegenüber nichts anmerken zu lassen. Mittlerweile waren sie nämlich in der Kanzlei zu dritt im Sekretariat. Dr. Kerner hatte sein Versprechen eingelöst und eine Schreibkraft eingestellt. Selbstverständlich hatte Hannah mitentscheiden dürfen, welche der Damen, die sich auf das Inserat in der Lokalzeitung gemeldet hatten, eingestellt wurde. Sie entschieden sich unabhängig voneinander für eine Mittdreißigerin, die eine angenehme Ausstrahlung besaß und ihnen sehr qualifiziert erschien.

Selbst ihrer besten Freundin gegenüber hatte Hannah mit keinem Wort ihre Gefühle für ihren Chef erwähnt. Nur bei ihrem Bruder hatte sie kleine Andeutungen gemacht. Sein einziger Kommentar bestand aus: »Du bist alt genug, um zu wissen, was du tust! Aber bilde dir nur nicht zu viel ein, Blumen sind schnell gekauft.«

Es verging noch ein gutes halbes Jahr, bis sie ihren Chef auf eine Geschäftsreise begleiten sollte. Die Flüge waren gebucht, die Hotelzimmer waren bestellt und nun standen sie mit ihren Tickets am Flughafen.

Sie hatte lediglich eine etwas größere Schreibmappe als Handgepäck, in der sich auch ein Stenoblock und einige wichtige Unterlagen befanden, die sie in der Maschine nochmals durcharbeiten wollten. Als sie vor ihren Sitzplätzen standen, ließ Dr. Kerner ihr den Vortritt, damit sie einen Fensterplatz hatte. Die Schreibmappe verstaute er im Gepäckfach.

»Moment, wir brauchen die Unterlagen und auch meinen Stenoblock!«

»Sie sehen so bezaubernd aus, dass ich nicht imstande wäre, uns diesen Flug mit Arbeit zu verderben. Genießen wir doch einfach die freie Zeit.«

Hannah nickte, da sie nicht in der Lage war, zu antworten. Ihre Kehle war wie zugeschnürt. Hatte er die Gefühle, die sie ihm entgegenbrachte, bemerkt?

Ungezwungen gab er einige lustige Anekdoten preis, kleine Begebenheiten, die er auf seinen häufigen Dienstreisen erlebt hatte. Bald war auch sie wieder entspannter und ließ sich gerne, obendrein so charmant, unterhalten. Es war schon aufregend, neben diesem gut aussehenden Mann zu sitzen. Wie gut sein Rasierwasser duftete und was er wohl für Unterwäsche trug ... Sie gebot ihren nicht ganz züchtigen Gedanken Einhalt, denn immerhin hatte sie ihren Chef neben sich und nicht irgendeinen x-beliebigen Mann.

Ohne nachzudenken glitten ihre Hände prüfend über den Blusenkragen.

»Alles bestens.«

»Bitte?«

»Alles in Ordnung! Sie würden bestimmt zur Miss Deutschland gewählt werden.« Er legte leicht seine Hand auf ihre und sagte leise: »Schon lange wollte ich Ihnen sagen, was Sie mir bedeuten. Aus Angst, unser Arbeitsverhältnis könnte darunter leiden, habe ich es immer wieder verschoben. Schon als wir uns auf dem Parkplatz getroffen haben, war es um mich geschehen. Ich dachte sofort, die oder keine! Sie müssen nichts erwidern, liebe Hannah, Sie sollen nur wissen, wie es um mich steht. Selbstverständlich würde ich Ihnen nie zu nahe treten, dafür schätze ich Sie viel zu sehr. Jedoch, Ihr, äh, dein Blick manchmal ...«, begann er leicht verlegen, »ähm, kann ich hoffen?«

Und wie er hoffen konnte!

Der Anfang einer aufregenden Zeit, des sich Näherkommens begann. Noch am Abend des gleichen Tages führte er sie aus und zeigte sich von seiner charmantesten Seite. Hannah flirtete heftig mit ihm. Sie war wieder im Leben angekommen.

Da diese Reise aber geschäftlich war – mit vielen Terminen, blieb ihnen während dieser wenigen Tage kaum Gelegenheit, alleine zu sein. Doch die letzte Nacht vor ihrem Abflug verbrachten sie gemeinsam in Davids Hotelzimmer. Hannah schwebte auf Wolke sieben! David hatte sie nach allen Regeln der Kunst verführt und sie hatte es genossen. Zu lange schon hatte sie von seinen Zärtlichkeiten geträumt.

Viel zu früh starteten sie mit dem Flugzeug in Richtung Heimat. David versprach ihr, in nicht allzu langer Zeit wieder eine Reise mit ihr zu unternehmen:

»Hannah, mit dir ein oder zwei Wochen ungestört verbringen, dem Alltag einfach entfliehen, nichts wünsche ich mir mehr.«

»Von wegen Alltag«, erwiderte sie glücklich. »Jede Stunde finde ich aufregend, seit du in der Kanzlei bist.«

»Du übertreibst!«

»Sehe ich so aus?«

Zurück in der Kanzlei ließ sich ihre Beziehung auf Dauer nicht verbergen. Die Blicke, die sie sich zuwarfen, sprachen Bände.

»Wir lassen alle an unserem Glück teilhaben«, bestimmte David nach einiger Zeit und ließ Hannahs Einwände erst gar nicht aufkommen. »Wieso sollen wir es geheim halten? Es darf jeder wissen!«

David bemühte sich sehr um sie. Er las ihr jeden Wunsch von den Augen ab und nicht selten kam es vor, dass er Hannah in der Mittagszeit nach Hause schickte. Da er sein Team in der Kanzlei nochmals erweitert hatte, war das in Davids Augen kein Problem.

»Mein Schatz, ich möchte heute Abend eine ausgeruhte junge Dame treffen und keine überarbeitete Frau.«

»Ich finde das ja sehr nett von dir, aber für mich ist meine Arbeit keine Belastung im herkömmlichen Sinn. Sie macht mir Freude und ich brauche sie. Außerdem finde ich es nicht fair, meinen Kolleginnen meine Arbeit auch noch mit aufzuhalsen, sie haben genug zu tun. Verständlicherweise werden sie sehr ärgerlich auf mich werden«, versuchte ihm Hannah zu erklären.

»Über kurz oder lang bist du doch sowieso die Chefin. Spätestens ab diesem Zeitpunkt werden sie sich daran gewöhnen müssen.«

»Wieso die Chefin?«, fragte Hannah irritiert.

»Nun, als meine Frau wirst du kaum noch Zeit haben, so viel zu arbeiten. Höchstens ein- oder zweimal die Woche und da müssen wir dann sowieso noch eine Fachkraft einstellen, die dich ersetzt.«

Staunend hatte Hannah zugehört. Hatte sie sich verhört? Hatte sie soeben einen Heiratsantrag bekommen? Es wäre bestimmt ein Traum Davids Frau zu sein, ja ein wunderschöner Traum. Nur eine Kleinigkeit störte sie: Sie war nicht gefragt worden, ob sie überhaupt seine Frau werden wollte.

In ihrem Leben hatte sie nun den zweiten Heiratsantrag bekommen und auch bei diesem war sie nicht direkt gefragt worden. Sie hatte sich damals von Robert überrumpeln lassen, doch dieses Mal würde sie überlegter handeln, das nahm sie sich zumindest vor.

Ungeduldig wartete David auf eine Antwort.

»Und, was meinst du? Bitte sag doch was.«

Hannah konnte keinen klaren Gedanken fassen. Sie – und Davids Frau werden! Bis dato hatte sie sich noch keine Gedanken über die Zukunft gemacht. Nur das Jetzt und Heute zählte bei ihr. Sie war so glücklich, dass sie regelrecht Angst davor hatte, eine feste Beziehung mit David einzugehen. Sie befürchtete, noch mal so ein Desaster wie in ihrer ersten Ehe zu erleben. Als sie ihm dies verständlich machen wollte, konnte er sie nicht verstehen.

»Was soll das Theater? Möchtest du mit mir Katz und Maus spielen?«

»Du hast mich einfach überrumpelt ...«, wehrte sie sich.

»Sag mal, dachtest du vielleicht, ich spiele nur mit dir? Oder hast du es als ein Abenteuer angesehen?«

»Nein, aber es geht mir doch ein bisschen zu schnell. Wir kennen uns doch noch gar nicht so lange«, gab sie kleinlaut zu bedenken.

»Vom ersten Augenblick an war ich in dich verliebt. Dich möchte ich heiraten und viele Kinder mit dir haben! Was gibt es da zu bedenken?«

»Und ich – ich werde überhaupt nicht gefragt?« Hannah musste jetzt doch lachen. Trotzdem ging ihr das einfach zu schnell und David stimmte schließlich zu, sich erst zu verloben und mit der Heirat noch zu warten.

KAPITEL 3

Zu diesem Zeitpunkt hätte sie noch umkehren können, aber sie hatte sich Hals über Kopf verliebt. Als sie Lea von dem Heiratsantrag erzählte, riet diese ihr sofort ab. Sie mochte David nicht – überhaupt nicht, in ihren Augen war er ein Macho, der seine Ansprüche – immer, selbstverständlich charmant, durchsetzte. So wie es die meisten Anwälte halt machen, sie kenne das zur Genüge. Und wegen der Bettgeschichten musste sie ihn ja nicht gleich heiraten. Und wer weiß, wie er sich nach der Hochzeit ...«

»Lea, ich weiß, dass du ihn nicht magst. Aber mit ihm, wird mir so etwas wie mit Robert nie passieren. David ist ein ganz anderer Typ ... Er hat Lebenserfahrung und weiß was er will.«

Drei Monate später bestellte David das Aufgebot. Ihre Eltern waren glücklich, hatten sie ihn doch als netten Mann mit Lebenserfahrung kennengelernt, der sich bestimmt vorbildlich um ihre Tochter kümmern würde. Nur mit ihrem Bruder Noah verstand sich David nicht so gut. Bei den wenigen Zusammenkünften war ihre Unterhaltung fast verkrampft. Sie fanden einfach keinen Draht zueinander.

David hatte beschlossen, dass es eine große Hochzeit werden sollte. Da sie in ihrer ersten Ehe den Segen der Kirche nicht erhalten hatte, so würde das nun in ihrer zweiten Ehe der Fall sein.

»Es ist bestimmt ein gutes Omen, du wirst sehen, wir werden sehr glücklich miteinander. Kannst du mir nicht doch einen Hinweis auf dein Hochzeitskleid geben?«

»Tut mir leid, auf keinen Fall, in dieser Beziehung bin ich sehr abergläubisch!«

Fast täglich quälte er sie mit Fragen über ihr Hochzeitskleid. Er konnte schon sehr hartnäckig sein, doch sie blieb standhaft.

Zum ersten großen Krach kam es, als sie gemeinsam die Gästeliste durchgingen. »Es sind einfach zu viele Leute auf der Liste, die ich nicht kenne und irgendwie macht mich das nervös!« David runzelte ärgerlich die Stirn.

»Aber David, du bist doch sonst nicht so! Du hast doch in der Kanzlei ständig mit fremden Leuten zu tun. Und von meiner Seite sind die wenigsten Gäste auf der Liste!«

»Noah mit Begleitung? Ich hoffe, Noah ist kein Ex-Lover von dir«, bemerkte David etwas sarkastisch, ihre Antwort einfach überhörend.

Spitz meinte sie daraufhin: »Nein! Noah, mein Bruder! Ich hoffe, du kannst dich noch an ihn erinnern ...«

»Falls du es noch nicht bemerkt hast, spricht dein Herr Bruder kaum mit mir. Anscheinend ist er sich zu fein dazu! Oder spricht er nur mit Frauen?«

Noch erkannte Hannah den Ernst dieses Gespräches nicht.

»David?«

»Ja, aber ich finde es unpassend, mit einem Mann der ständig seine Frauen wechselt, meine Hochzeit feiern zu müssen. Vielleicht erscheint er gar noch mit einer Prostituierten. Oder er macht sich an unsere weiblichen Gäste heran. Vor ihm ist doch keine Frau sicher. Nein, dieses Risiko gehe ich nicht ein! Außerdem werden bei unserer Hochzeit viele wichtige Persönlichkeiten dieser Stadt anwesend sein, die ihre Frauen mitbringen!« David wurde lauter und schlug zur Unterstützung seiner Worte mit der Hand auf den blank polierten Glastisch des Wohnzimmers.

»Wenn die ganze Angelegenheit über die Bühne gegangen ist, kannst du ihn ja von mir aus einmal zum Essen einladen – aber an einem so bedeutenden Tag möchte ich ihn nicht dabeihaben.«

Hannah rang um Fassung. So hatte sie David noch nie erlebt. Was war nur in ihn gefahren? Noahs Frauengeschichten waren doch nun wirklich kein Grund, ihn von der Hochzeit auszuschließen. Er war ihr Bruder! Und sah er die Hochzeit nur als *eine* Angelegenheit an?

Entsetzt über Davids Ausbruch drehte sie sich um und lief in ihr Schlafzimmer. Schluchzend verbarg sie ihr Gesicht in den Händen. Was hatte David nur? Niemals zuvor hatte sie einen derartigen Wutausbruch bei ihm erlebt. In Gedanken ging sie das Gespräch mit ihm nochmals durch, fand aber nicht den geringsten Grund für sein Benehmen. Als sie an seine verletzenden Worte dachte, liefen ihr erneut Tränen über das Gesicht, aber diesmal mehr vor Wut. Sie ließ sich aufs Bett fallen und vergrub das nasse Gesicht in den Kissen.

»Sein Haus!« Sie war anfangs sehr skeptisch gewesen, in dieses große Haus mit einzuziehen. Lieber wäre es ihr gewesen, sie hätten sich gemeinsam eine Wohnung oder ein kleines Häuschen gesucht, das sich auch näher an der Stadt befand. Doch er hatte alle Vorteile dieses idyllisch gelegenen Hauses aufgezählt und ihr die gemeinsame Zukunft in den schönsten Farben ausgemalt.

»Mein Engel, überleg doch nur, in weniger als eine Stunde sind wir mit dem Auto in der Stadt. Nach der Arbeit können wir uns dann im Garten erholen und beide sehen wir unseren vielen Kindern zu, wie sie umhertollen. Wir können Feste feiern, ohne auf Nachbarn Rücksicht nehmen zu müssen, denn die nächsten Häuser sind bestimmt einen Kilometer entfernt. Die Leute im Dorf sind sehr nett …«

»Nachdem du drei- oder viermal im Dorf eine Kleinigkeit eingekauft hast, kannst du doch nicht beurteilen, wie die Leute im Dorf sind«, hatte Hannah eingeworfen.

Er sprach mit Engelszungen auf Hannah ein und überredete sie schließlich doch, ihre Wohnung aufzugeben und bei ihm einzuziehen.

Und nun, kaum hatte sie sich etwas eingelebt, hielt er ihr vor, in seinem Haus zu sein. Im Grunde hatte sie in diesem Haus nicht viel verändern dürfen. Lediglich im Schlafzimmer hatte er die bereits vorhandenen Möbel entfernt und sie traf die Wahl der neuen Schlafzimmermöbel. Behaglichkeit und Wärme sollten die neuen Möbel ausstrahlen. Ein Zimmer richtig zum Wohlfühlen, hatte sie gedacht. Mit viel Liebe hatte Hannah den Raum eingerichtet. Er strahlte absolute Gemütlichkeit aus. Selbst David hatte anerkennend bemerkt, wie anheimelnd dieser große Raum nun wirkte. Ansonsten waren die Räume des Hauses mit einer fast kühlen Eleganz ausgestattet. Hier und da hatte sie ein kleines Möbelstück aus ihrer alten Wohnung unterbringen können, aber es blieb bei den wenigen. Alles andere war in den großen Keller verbannt worden.

»Du siehst selbst, deine Möbel passen nicht zu meinen. Da ich viele Antiquitäten besitze, kann ich diese unmöglich in den Keller stellen, das verstehst du doch, oder?«

Sie erhob sich vom Bett und blickte in den großen ovalen Spiegel, aus dem ihr ein verquollenes und rotes Gesicht entgegensah. Sah so eine glückliche Braut aus?

Im Erdgeschoss hörte sie die Haustür ins Schloss fallen und kurz darauf den Wagen von David. Sollte er ruhig wegfahren. In ihrer jetzigen Verfassung war es ihr lieber, ihm nicht begegnen zu müssen.

Reuevoll sollte er sich bei ihr entschuldigen, das nahm sie sich fest vor – ansonsten würde sie nicht bereit sein, mit ihm weiter über die Hochzeit zu sprechen. Keine acht Wochen mehr – bis zur Hochzeit!

An diesem Abend verließ sie das Schlafzimmer nicht mehr. Sie ging zeitig zu Bett, da sie am nächsten Morgen früh zur Arbeit musste. Würden sie wieder gemeinsam fahren oder würde David nach diesem unschönen Streit noch Besorgungen vortäuschen, damit er alleine fahren konnte?

Es war schon sehr spät in der Nacht, als sie erwachte und leise Schritte hörte. Kurz darauf öffnete sich die Tür und aus den Augenwinkeln sah sie, dass David sie in dem Lichtstrahl betrachtete, der aus dem Flur auf ihr Gesicht fiel. Schnell schloss sie ihre Augen. Sollte er doch denken, sie habe ihn nicht gehört und schliefe tief und fest. Er löschte das Licht und legte sich neben sie. Hatte er ein schlechtes Gewissen?

Als sie am nächsten Morgen wie gerädert erwachte, war das Bett neben ihr leer. Na gut, dachte sie, heute werde ich mir etwas länger Zeit lassen. Sollte er doch in seinem eigenen Saft schmoren und auf sie warten müssen. Geschah ihm gerade recht!

Ohne Eile verrichtete sie ihre Morgentoilette und verbrachte auch mehr Zeit als sonst bei der Kleiderauswahl. Endlich fertig, besah sie sich im Spiegel, nickte sich aufmunternd zu und wappnete sich innerlich auf die zu erwartende Diskussion. Doch als sie die Küche betrat, war nur Frau Mendelson, die Haushälterin, anwesend.

»Guten Morgen Frau Mendelson, hat mein Mann schon gefrühstückt?«

»Auch einen schönen guten Morgen. Ja, gerade als ich mit meinem Fahrrad in die Garageneinfahrt einbog, stieg ihr Mann in sein Auto und zwei Sekunden später fegte er schon an mir vorbei. Er schien sehr in Eile zu sein. Ach, bevor ich es vergesse, hier ist eine Nachricht von ihm. Ich fand den Zettel an der Haustür. Sie sollen heute mit Ihrem Wagen fahren. Ihr Mann sah heute auch gar nicht so frisch aus wie sonst. Sicher hatte er einen schlechten Traum. Ich kenne das. Den ganzen Tag trägt man ihn dann mit sich herum. Oder hat er einfach nur schlecht geschlafen?«

Hatte diese neugierige Person nichts anderes zu tun, als in ihrem oder Davids Privatleben herumzuschnüffeln? Bei der nächstbesten Gelegenheit, würde Hannah es ihr deutlich zu verstehen geben, dass sie ihre Nase nicht immer in ihre Angelegenheiten stecken sollte. Ohne zu antworten, trank sie schnell eine Tasse Kaffee und verließ ebenfalls das Haus.

Während der Fahrt in die Kanzlei ging ihr allerlei durch den Kopf. Konnte das überhaupt gut gehen? Zusammen arbeiten und leben – konnte man das Geschäftliche immer vom Privaten trennen? Dann diese Sache mit Noah! Erstmals überkamen sie große Zweifel! David war ein richtiger Egoist und wollte stets, dass sie sich nach ihm richtete. Doch dieses Mal konnte er lange darauf warten!

Als sie das Büro erreichte, hörte sie in der Eingangshalle aufgeregte Stimmen.

»Was fällt Ihnen ein, mich zu belehren! Ich werde auf jeden Fall heute mit meiner zukünftigen Frau zu Mittag essen. Sie werden den Herren absagen und einen neuen Termin vereinbaren. Und dann bestellen Sie mir bitte sofort einen Tisch im Royal Gala!«

Erstaunt vernahm Hannah Davids Worte. Besonders forsch öffnete sie die Tür, wünschte allen einen guten Morgen, nahm an ihrem Schreibtisch Platz und begann sofort mit ihrer Arbeit. David trat hinter sie und legte die Hände auf ihre Schultern.

»Na, dann arbeite ich auch wieder weiter. Meine Damen, ich wünsche einen schönen Arbeitstag!«

Erst als er die Tür hinter sich geschlossen hatte, konnte Hannah aufatmen. Von Zeit zu Zeit warf ihr ihre Kollegin einen fragenden Blick zu. Da aber zwischen ihnen so gut wie nie über private Dinge gesprochen wurde, schwieg Hannah.

Wäre Petra noch in der Kanzlei gewesen, hätte sie mit ihr über den unschönen Abend gesprochen. Aber sie hatte nach Beendigung ihrer Ausbildung die Kanzlei verlassen, um in ihre Heimatstadt zurückzukehren. Sie fehlte Hannah sehr.

Selbst nach diesem hässlichen Streit am Vorabend hatte sich David ihr gegenüber verhalten wie immer: höflich, zuvorkommend und freundlich. Nichts deutete auf den großen Streit hin.

»Ach mein Herz, würdest du mit mir zum Mittagessen gehen oder hast du schon etwas vor?«, flüsterte er ihr ins Ohr, nachdem er kurze Zeit später wieder hinter sie getreten war. Ihm tat das alles sicher sehr leid und sie wollte nicht nachtragend sein. Sollte er also seine Chance haben, um sich bei ihr zu entschuldigen!

»Nein, ich habe heute nichts vor, wir können essen gehen.« Ihre Stimme klang eine Nuance kühler als sonst.

Zuvorkommend und charmant umwarb er sie beim Mittagessen. Mit keinem Wort erwähnte er den Streit und er dachte auch überhaupt nicht daran, sich zu entschuldigen. Er schien bester Laune zu sein. Den Arm um sie gelegt, kamen sie später als geplant in die Kanzlei zurück.

KAPITEL 4

Der Tag begann als strahlender Sommermorgen. Hannah lag wach in ihrem Bett und hatte noch ein bisschen Zeit, bis sie aufstehen musste. Heute war ihr Hochzeitstag! Immer und immer wieder wiederholte sie diesen kurzen Satz, der sich so einschneidend auf ihr Leben auswirken würde. Diese Ehe würde ihre zweite sein. Handelte sie richtig? Wollte sie überhaupt einen neuen Ehemann? War David der Mann, mit dem sie bis an ihr Lebensende zusammen sein wollte?

Fragen über Fragen stürmten plötzlich wieder auf sie ein. Wahrscheinlich ist es nur allzu normal, wenn mir das alles noch einmal durch den Kopf spukt, dachte sie. Sie war ja schließlich eine reife Frau, die sich nicht kopfüber, sondern wohlüberlegt in eine Ehe begeben würde. Aber war David nicht manchmal ein richtiger Egoist, der alles bestimmte? Und wohlüberlegt …?

»Jawohl! Wohlüberlegt«, machte sie sich lautstark selbst Mut.

Mit Elan sprang sie aus dem Bett und ließ sich in der Dusche erst einmal das erfrischende Wasser über den Körper laufen. Sie nahm sich viel Zeit für ihre Morgentoilette und blickte dann bestürzt auf die Uhr, die neben den Zahnbürsten stand.

»Du lieber Himmel, ist es schon so spät?«, rief sie laut.

»Meinst du vielleicht, ich halte für dich die Zeit an, für deine Cremes und Lotionen! Bei dir hilft doch alles nichts«, erhielt sie Antwort.

»Lea, liebe Lea, bist du schon lange da, ich meine, habe ich dich lange warten lassen oder …?«

Nur mit einem großen Handtuch bekleidet, stürmte sie zurück ins Schlafzimmer und auf ihre Freundin zu, die in einem Korbsessel Platz genommen hatte.

»Nun mal langsam, gerade eben bin ich hier gelandet. Es wäre vielleicht gut, wenn du dir erst mal statt des Handtuchs doch noch etwas anderes überziehen würdest«, bemerkte sie verschmitzt. »Wenn du allerdings ein Adonis wärst …«

Sie sprach nicht weiter und Hannah lachte verstehend, als ihre Freundin die Lippen spitzte.

»Und sag mal, hast du dem Drachen, der mir die Tür öffnete, noch immer nicht deine Meinung gegeigt? Längst hätte ich diese unfreundliche Person vor die Tür gesetzt.«

»Ach was, sie tut nur so. Normalerweise ist sie sehr freundlich und hilfsbereit, unter ihrer harten Schale steckt ein ganz weicher Kern.«

»Hoffentlich bringst du später den Nachwuchs des Herrn Dr. Kerner zur Welt, bevor sich der weiche Kern von deiner Haushälterin dazwischendrängt!«

»Lea!«

»Bitte, ich bin ja schon still, ehrlich. Wo ist eigentlich dein zukünftiger Mann?«

»Nun erkläre ich es dir zum dritten Mal, er ist bei seinem Freund, der auch sein Trauzeuge sein wird, damit ich mich in Ruhe anziehen und fertig machen kann.«

»Hoffentlich wirst du fertig, bevor David kommt. Wenn du nur eine einzige Sekunde zu spät kommst, wird er mit dir fertig sein und dann wahrscheinlich euren Hausdrachen mit dem guten Kern heiraten.«

»Lea! Hilfst du mir jetzt oder nicht? Du machst mich noch nervöser, als ich es ohnehin schon bin.«

Mit zittrigen Händen deutete sie auf das Kleiderbündel, das die Kommode zierte und auf das Brautkleid. Lea bemerkte, dass Hannah wirklich mit ihren Nerven fast am Ende war. Sie kannten sich nun schon so lange, da genügte oft schon ein Blick und die andere war im Bilde.

Endlich hatte sie alles angezogen. Lea band nun ein übergroßes Frisiertuch um Hannah und begann wortlos das Haar ihrer Freundin zu kämmen.

Zufällig trafen sich beide Augenpaare im Spiegel. Hannahs Augen blickten beinah angstvoll, wobei die ihrer Freundin eher bekümmert dreinschauten. Lea unterbrach ihre Arbeit.

»Ich wünsche dir alles Glück dieser Erde.« Lea hatte leise, aber sehr deutlich gesprochen. »Wirklich, alles Glück dieser Erde!«

Gerührt drehte sich Hannah um.

»Danke, das kann ich gebrauchen!« Und schon hatten sich Tränen der Rührung in Hannahs Augen gesammelt.

»He, was soll das? Meinst du, ich kann dich schminken, wenn wir einen Wasserfall haben! Außerdem kommst du mir nicht so leicht davon, wie du denkst. Natürlich wirst du mir als Gegenleistung einen netten jungen Mann aus deiner neuen Verwandtschaft aussuchen, der nicht nur Geld hat, sondern auch klug, nett und leicht zu handhaben ist. Dafür wirst du die schönste Braut sein, die diese Erdkugel je gesehen hat! Voraussetzung dafür ist aber absolutes Stillhalten! Warum hast du dich nur vor dem Schminken und Frisieren angezogen? Es wäre für mich viel einfacher gewesen, wenn du dich erst ….«

Mit burschikosen Worten versuchte Lea, ihre aufkommende Rührung zu verdrängen. Als Leas Werk beendet war, staunte Hannah vor dem großen Spiegel im Schlafzimmer nicht schlecht: »Bin ich das wirklich? Mensch Lea, du hast ein Meisterwerk vollbracht!« Geschmeichelt winkte ihre Freundin ab.

»Ist doch mein Job, oder hat das der Wackelpudding unter deinem Pony schon vergessen? Und schließlich nervst du mich ja schon seit Wochen mit dieser Frisur.«

Hannah war wirklich eine wunderschöne Braut. Das zarte Rosa ihrer Wangen hatte sie nicht nur dem Rouge zu verdanken, sondern auch ihrer Nervosität. Es stand ihr ausgezeichnet.

Es blieb ihr nur noch wenig Zeit, bald würde David kommen, um sie abzuholen. Sie würden in seinem Auto, das sicher mit prachtvollen Blumen geschmückt war, erst zum Standesamt und dann in die Kirche fahren. Sein Trauzeuge Edwin würde den Chauffeur mimen und sie beide zu der alten Kirche mit den schönen Mosaikfenstern fahren. Bestimmt würde das halbe Dorf bei der Trauung in der Kirche anwesend sein, um seine Neugierde zu befriedigen.

Bei ihren wenigen Einkäufen im Dorf sprach sie selten mit den Dorfbewohnern. Es ergab sich einfach nicht oder sie vermieden es. Ganz sicher war sich Hannah da nicht. Vielleicht lag es aber auch an dem pompösen Haus, das sie bewohnten. Aus dem Dorf hatte David sofort nach seinem Einzug eine Haushälterin und einen Gärtner angestellt. Die Dorfbewohner sahen das mit Skepsis, da so etwas hierzulande nicht üblich war. David kümmerte das herzlich wenig.

»Die Leute sollen doch froh sein, wenn wir ihnen Arbeitsplätze zur Verfügung stellen«, kommentierte er.

Hannah sah das etwas anders. Sie war es nicht gewohnt, ihren Haushalt und all die andere Arbeit nicht selbst zu erledigen. Es fiel ihr manchmal schwer, sich bei der Hausarbeit zurückzuhalten und nicht wie früher alles selber zu übernehmen. Lediglich den Zutritt zu ihrem Schlafzimmer hatte sie verbieten können, da war sie eisern geblieben. Dieser Raum war einzig und allein ihr und Davids Reich. Von Zeit zu Zeit zog sie sich darin zurück und konnte sich wunderbar entspannen. Selbst David störte sie dann nicht und respektierte ihren Rückzug.

Eines Morgens, kurz nach ihrem Einzug in *Davids Haus*, wie sie es insgeheim oft nannte, hatte sie nach einem großen nächtlichen Unwetter begonnen, die verschmutzten Fenster zu putzen. Da ihre Haushälterin am Wochenende frei hatte, wollte Hannah diese Arbeit vor ihrem geplanten Stadtbummel mit David selbst erledigen. Leise vor sich hin summend ließ sie den Lappen über die großen Fenster gleiten. Nie hätte sie gedacht, dass ihr Fensterputzen einmal Freude bereiten würde, dachte sie, als sie sich plötzlich beobachtet fühlte. Mit dem Handrücken wischte sie eine vorwitzige Strähne aus ihrem Gesicht und drehte sich um. David hatte am Türrahmen gelehnt und ihr eine Weile zugesehen.

»Möchtest du jetzt die große Hausfrau hervorkehren?«, hatte er sie spöttisch gefragt. »Bitte, wie du meinst! Aber dann werde ich jetzt alleine in die Stadt fahren, denn bis du mit der Hausarbeit fertig bist, werde ich nicht warten«, hatte er fast ärgerlich hinzugefügt.

»Nein, bitte warte auf mich. Ich dachte, wir fahren erst gegen Mittag. In fünf Minuten bin ich fertig.«

Sie stellte den Eimer mit dem Lappen zur Seite und verschwand dann eiligst im Badezimmer. Besonders hübsch wollte sie heute aussehen. David wollte mit ihr einen Einkaufsbummel machen und anschließend in einem Restaurant essen gehen. Als sie neben ihm im Auto saß, musterte er sie wohlgefällig. Doch sein Kommentar war mehr als unpassend, wie sie fand.

»Beim besten Willen, die Putzfrau sieht man dir nicht an.« Hannah verschlug es die Sprache. Hatte sie doch ein Kompliment erwartet, nachdem sie die Blicke aufgefangen hatte, mit denen er sie gemustert hatte. Um keinen Streit vom Zaun zu brechen, gab sie keine Antwort und blickte nur starr geradeaus aus dem Autofenster. Ihre Stimmung sank. So ein Blödmann!

All das kam ihr in den Sinn, als sie sich in ihrem Brautkleid vor dem Spiegel musterte. Nervös dachte sie an die bevorstehende Zeremonie. Die vielen Leute – hoffentlich würde sie alles richtig machen und David nicht enttäuschen! Lea würde ihre Trauzeugin sein, darüber war sie sehr froh. Ihre Unbefangenheit würde ihr helfen, ihre Nervosität in Grenzen zu halten.

Den Abend vor der Hochzeit hatten die beiden Freundinnen zusammen verbracht. Erst hatten sie sich eine Pizza von Frau Mendelson servieren lassen und später dann mit Rotwein im Wohnzimmer gesessen und sich unterhalten. Spät am Abend hatte sich dann Frau Mendelson verabschiedet, nicht ohne den beiden Damen noch einen schönen Abend gewünscht zu haben.

»Sag mal, Hannah, geht dein Hausdrachen immer so spät nach Hause?«

»Nein, nur in der letzten Zeit. Ansonsten verlässt sie uns so gegen achtzehn Uhr. In den letzten Tagen hatte sie aber sehr viel vorzubereiten, da wir ja morgen insgesamt fünfundachtzig Leute erwarten. Sie ist wirklich eine Perle!«

»Und du brauchst dich nur um dich und deinen Mann zu kümmern und morgen eine schöne Braut sein. So stinkfaul habe ich dich nicht in Erinnerung gehabt. Hoffentlich kannst du dich überhaupt noch alleine beschäftigen, oder hast du auch eine Gesellschafterin?«

»Quatsch! David kann es nur nicht leiden, wenn sich seine zukünftige Frau abrackert. Er sagt, ich habe in der Kanzlei genug zu tun und kann mich zu Hause dann wenigstens erholen. Für mich war es ja auch eine enorme Umstellung. Die Hände in den Schoß zu legen und jemanden zu haben, der mich bedient, ist sehr gewöhnungsbedürftig für mich gewesen. Aber der Mensch gewöhnt sich an alles«, beendete Hannah ihre Rede.

»Jetzt erzähl mir nur nicht, in dieser einen Woche, in der du jetzt Urlaub hattest, hast du nichts getan, außer Kleidung einzukaufen und zu faulenzen.«

»Natürlich habe ich nicht nur eingekauft und gefaulenzt. Ich musste mich um die letzten Hochzeitsvorbereitungen kümmern, damit alles glatt über die Bühne geht. Außerdem haben wir einen Partyservice bestellt, der das nötige Geschirr und auch das Personal bereitstellt und da hatte ich auch noch einiges zu klären. Ich denke, das Essen wird hervorragend. Wir haben mehrere Gänge bestellt und die schönsten Kuchen und die großartigste Hochzeitstorte, die du je gesehen hast! Eine super Band habe ich auch organisiert und ...«

»Um Gottes willen, du hast in deinem Urlaub wirklich eigenhändig telefoniert und organisiert? Hoffentlich hast du dich dabei nicht übernommen«, nahm sie nun ihre Freundin auf den Arm.

Doch sie war noch nicht fertig: »Tut mir leid, ich vergesse immer, ihr seid Familie Größenwahn! Bin ich froh, nicht mit dir verwandt zu sein. So laufe ich bestimmt nicht Gefahr, auch so ein Leben führen zu müssen. Aber mir soll es egal sein, doch sag mal, wo ist denn eigentlich dein zukünftiger Prinz geblieben, vorausgesetzt du hast ihn schon geküsst, damit du morgen nicht einen Frosch zum Traualtar führen musst.«

»Mensch Lea, unterlass deine blöden Sprüche, ich weiß, dass du ihn nicht besonders magst.«

»Das ist weitaus untertrieben, denn ich mag ihn überhaupt nicht! Doch wo ist er nun?«

»David übernachtet heute bei Edwin, seinem Freund, der auch sein Trauzeuge sein wird. Er wird heute mit ihm seinen Junggesellenabschied feiern. Er hat es überhaupt nicht gerne gesehen, mich heute alleine zu Hause zu lassen. Doch so einen Tumult vor der Hochzeit, ich hätte dazu einfach keine Lust gehabt.«

»Was heißt hier alleine lassen? Bin ich denn niemand? So ein Blödel! Vielleicht hat er ja nur Angst, ich könnte ein Stück von dir abbeißen!«

Lea imitierte wilde Beißgeräusche und tat, als wolle sie ein Stück von Hannah abbeißen.

»Bitte hör auf! Auch wenn du ihn nicht leiden kannst, verdirb mir jetzt nicht den Abend, bitte.«

»In Ordnung, für heute ist Waffenstillstand.«

Lea nahm sich eine Zigarette aus Hannahs Päckchen und reichte ihr auch eine mit den Worten: »Jetzt können wir beide eine gebrauchen, oder? Und zu dir gesagt, die geschnorrten Zigaretten schmecken mir immer noch am besten.«

Endlich das Thema wechselnd, erkundigte sich Lea nach Hannahs Bruder.

»Wie geht es eigentlich Noah? Ich bin schon sehr gespannt, wenn ich ihn nach so vielen Jahren wiedersehen werde.«

»Ich bin mir nicht einmal sicher, ob er kommen wird.«

Nun erzählte sie ihrer Freundin den Streit mit David. Als sie geendet hatte, sah Lea richtig betroffen aus.

»So ein Ekelpaket! Er kann dir doch nicht verbieten, deinen Bruder einzuladen, und dass er so einen Frauenverschleiß hat, das steht ihm ja nicht ins Gesicht geschrieben, oder? Außerdem kann ich mir nicht vorstellen, dass er sich an eine der Frauen aus der buckligen Verwandtschaft von David ranmacht ... Hm, hast du deinem Bruder das erzählt, oder hast du den Herrn Gemahl in spe gedeckt?«

»Nein! Natürlich musste ich Noah von Davids Reaktion erzählen und er hat es sich auch nicht sehr zu Herzen genommen, zumindest hoffe ich es. Und er versprach mir, alleine zu kommen, ohne Begleitung. Aber ob das gut ist, das bezweifle ich ernsthaft.«

»Hat sich David bei dir entschuldigt?«

»Nein! Aber er hat die Einladungskarte an Noah unterschrieben.«

»Oh, wie gnädig ...«

Als es auf Mitternacht zuging, verabschiedete sich Lea mit dem Versprechen, am nächsten Morgen pünktlich wiederzukommen. Schließlich war sie für Hannahs Frisur und Make-up verantwortlich.

KAPITEL 5

Endlich hörte sie Davids Wagen in der Einfahrt. Schnell lief sie ihm entgegen. Fesch sah er aus, in seinem neuen eleganten Anzug.

»Du bist meine Traumfrau«, flüsterte er und Hannah war selig.

Sie waren ein hübsches Paar. An diesem Tag wurden sie von vielen beneidet. Ehe sich Hannah versah, waren sie Mann und Frau. Im Standesamt war die ganze Sache eher routiniert abgelaufen, wie sich Lea später ausdrückte, aber in der Kirche hatte sich der Pfarrer redliche Mühe gegeben, um die Zeremonie so feierlich wie nur möglich zu gestalten. Es war ihm gelungen.

Als sie aus der Kirche kamen, sahen sie, dass viele Dorfbewohner der Hochzeit beigewohnt hatten. Vor Freude strahlend stiegen sie in das festlich geschmückte Auto und fuhren erst zum

Fotografen, dann nach Hause. Ihnen folgte ein Konvoi, der aus den geladenen Gästen bestand. Zu Hause angekommen, stand alles für die Feier bereit.

»Die Hochzeitstafel sieht wunderhübsch aus.« Hannahs Mutter konnte sich an der Dekoration kaum sattsehen. »Alleine der Blumenschmuck muss doch schon ein Vermögen gekostet haben! Mein Mädchen, du hast großes Glück, so einen Mann zu bekommen. Er trägt dich wirklich auf Händen!«

Hatte sie das nicht schon einmal von ihren Eltern gehört? Sofort fühlte sie sich unbehaglich. Nicht heute an ihrem Hochzeitstag – ihre Ehe mit Robert war Vergangenheit. Nun sollte sie einzig und allein an die Gegenwart und ihre Zukunft denken.

»Also Mama, er kann doch froh sein, so eine Frau wie mich zu bekommen.«

Beide lachten nun herzlich und auch Hannahs Vater nickte wohlwollend. Einen Kommentar gab er dazu nicht ab.

»Kind, so ein großes Haus. Da ist bestimmt jede Menge zu tun. Alles blitzt hier nur so und kein Staubkörnchen weit und breit.«

»Die Hausarbeit erledigt doch unsere Haushälterin, Mama. Ich würde zwar oft zu gerne selbst mit Hand anlegen, aber David lehnt es ab. Andererseits ist es auch sehr schön, diese oft unangenehmen Arbeiten nicht selbst erledigen zu müssen.«

Hannah erspähte einen eleganten Mann, der sich durch die Menschenmenge einen Weg zu ihr bahnte.

»Noah! Du siehst einfach toll aus!«

Und schon hing sie an seinem Hals und er drückte sie vorsichtig an sich.

»Danke, das Kompliment kann ich zurückgeben. Meine Schwester und so eine Schönheit. Dass mir das noch nie aufgefallen ist …«

Er wünschte ihr viel Glück und überreichte ihr ein kleines Geschenk.

»Das ist extra für dich. Persönlich!«

Sie bedankte sich, verbarg das Päckchen in ihrem weißen Täschchen, zog ihren Bruder neben sich auf einen freien Stuhl und unterhielt sich angeregt mit ihm.

Alles in allem wurde es eine schöne Hochzeit. David war bei der Damenwelt sehr begehrt, da er sich charmant und aufmerksam um seine weiblichen Gäste kümmerte. Er konnte sich rhythmisch einwandfrei zur Musik bewegen und war deshalb als Tänzer sehr gefragt. Auch Hannah fehlte es nicht an Tanzpartnern. Doch beide waren froh, als auch der letzte Gast das Haus verlassen hatte. Das Haus hatte sich regelrecht in ein Schlachtfeld verwandelt. Morgen würde Frau Mendelson genug zu tun haben. Einige Frauen würden sie unterstützen, das hatte Hannah im Vorfeld schon organisiert.

David und Hannah wollten lange ausschlafen, danach einen erholsamen Waldspaziergang unternehmen und schließlich in einem kleinen romantischen Restaurant zu Abend essen. Anschließend würden sie in ihr Haus zurückkehren, in dem dann sicherlich die Spuren der letzten Nacht beseitigt waren. Dann erst konnten sie sich in Ruhe ihren zahlreichen Geschenken widmen.

Bevor Hannah ins Schlafzimmer ging, öffnete sie noch das kleine Päckchen, das Noah ihr geschenkt hatte. Es war eine wunderschöne Kette mit einem kleinen Mond als Anhänger. An der untersten Spitze hatte er einen kleinen funkelnden Stein anbringen lassen. Sie freute sich sehr und nahm sich vor, morgen nach dem Frühstück bei ihm anzurufen. Er hatte nicht vergessen, dass sie den Mond liebte. Doch die Kette würde sie nicht tragen, nahm sie sich vor, sondern sie sollte ihr Glücksbringer sein.

Ihre Hochzeitsnacht war – anders als bei ihrer ersten Trauung – wunderschön. David hatte an alles gedacht. Das Schlafzimmer war mit roten Rosen geschmückt, gekühlter Champagner stand bereit und romantische Musik erklang. Auf ihrem Kopfkissen lag ein liebevoll verpacktes Geschenk. Leidenschaftlich nahm er sie in die Arme …

KAPITEL 6

Eine Hochzeitsreise war im Moment nicht vorgesehen, da David in der kommenden Woche einen sehr spektakulären Fall vor Gericht vertreten musste. In absehbarer Zeit würden sie diese nachholen, hatte David ihr ganz fest versprochen. Bei dieser Gelegenheit musste sie wieder an ihre erste Ehe denken. Hatte sie damals nicht auch gehofft, eine Hochzeitsreise zu unternehmen? Doch David würde sicher zu seinem Wort stehen!

Mittlerweile hatte er eine weitere Sekretärin eingestellt. Geschäftsreisen fielen zum Glück selten an, und so begleitete ihn die neue Kollegin hauptsächlich zu Gerichtsterminen. In der letzten Zeit war Hannah auf Davids Drängen öfter zu Hause geblieben und somit hatte Frau Hitschmann ihre Aufgaben in der Kanzlei übernommen.

»Na, wie fühlt man sich so als Frau Kerner? Sicher sind deine Probleme, wie ein klitzekleiner Pickel im Gesicht und ab und zu mal ein Verdauungsproblemchen, fast eine Katastrophe, oder?«

Lea hatte montags immer frei und besuchte dann ihre Freundin. David hatte Hannah wieder eine freie Woche aufgedrängt und so saßen beide Frauen an diesem Nachmittag gemütlich in Hannahs Küche, tranken Kaffee und genossen den Kuchen, den Frau Mendelson gebacken hatte.

»Ach, wenn es nur so wäre. David verwöhnt mich wirklich sehr, versteht aber nicht, dass ich meine Freiräume brauche und vor allen Dingen meine Arbeit. Immer öfter soll ich zu Hause bleiben.«

»Ist doch toll, so können wir uns montags immer sehen. Aber ich verstehe natürlich auch, dass dieses Leben gewiss auch oft sehr langweilig für dich ist.«

»Natürlich, aber was soll ich denn tun? Er meint es nur gut mit mir und außerdem hofft er, eine Schwangerschaft stellt sich eher ein, wenn ich ausgeruht bin.«

»Wie lange wartet ihr denn schon auf das freudige Ereignis? Oder soll ich lieber fragen, wie lange arbeitet ihr denn schon daran?«

»Seit unserer Hochzeit vor sieben Monaten.«

»Du liebe Güte, du bist doch keine Maschine. Dein Herr Gemahl wünscht sich einen Schreihals und du sollst sofort einen produzieren. Also, wenn er von mir einen Balg haben wollte, da würde ich ihn sofort aus meinem Leben schmeißen.«

Nun musste Hannah herzhaft lachen: »Da würde ich ihn auch aus meinem Leben schmeißen, wenn er ein Kind von dir haben möchte!«

Somit war der Ernst des Gespräches weggefegt und sie unterhielten sich wieder ungezwungen über andere Themen.

Es vergingen noch einige Monate, bis Hannah einen Verdacht hatte. Um sich Klarheit zu verschaffen, ließ sie sich heimlich einen Termin beim Frauenarzt geben. Nach einer ausgiebigen Untersuchung nahm Herr Doktor Stranger wieder an seinem Schreibtisch Platz und sah sie über den Rand seiner Brille hinweg an.

»Herzlichen Glückwunsch, Sie sind in der sechsten Woche schwanger.«

»Schwanger?«, fragte sie ungläubig.

»Freuen Sie sich denn nicht?«

Und wie sie sich freute!

Den ganzen Heimweg lang überlegte sie, wie sie David diese wundervolle Nachricht am besten überbringen konnte. Sie entschloss sich, ihn von der Kanzlei abzuholen, ihn zu bitten, keine Fragen zu stellen und erst in ihrem Lieblingsrestaurant mit der frohen Nachricht herauszurücken. Doch es kam anders, als sie es geplant hatte.

Froh gelaunt wollte sie gerade losfahren, als sich ihr Frau Mendelson winkend in den Weg stellte.

»Halt, bleiben Sie hier, Ihr Mann ist am Telefon.«

Schnell stellte sie den Motor ihres Wagens wieder ab und rannte zurück ins Haus. Völlig außer Atem schnaufte sie ins Telefon: »Ich wollte gerade losfahren, um dich von der Kanzlei abzuholen und ...«

»Hannah, ich bin im Krankenhaus.«

»Wie bitte?«

»Ich bin zu schnell die Treppe hinuntergelaufen, rutschte aus und fiel die letzten fünf oder sechs Stufen. Nun sitze ich hier und warte auf den Arzt, der mir den Befund der Röntgenaufnahmen mitteilen wird. Da wahrscheinlich der Knöchel gebrochen ist, operieren sie mich jetzt und ich werde einige Tage hier bleiben müssen.«

Er gab ihr die Adresse des Krankenhauses und bat sie, Nachtwäsche und alles Nötige vorbeizubringen. Wie sich später herausstellte, musste er tatsächlich operiert werden und konnte daher das Krankenhaus nicht sofort verlassen.

KAPITEL 7

An Davids Krankenhausaufenthalt konnte sie sich heute noch, nach so vielen Jahren, gut erinnern. Doch plötzlich wurde sie aus ihren Gedanken gerissen. Ihr Magen fing entsetzlich an zu knurren und ein Hungergefühl machte sich in ihr breit. Hannah war so tief in ihrer Vergangenheit versunken gewesen, dass sie nicht einmal bemerkt hatte, dass es bereits Mittag geworden war. Sie warf einen Blick in ihren Kühlschrank – er war bis auf ein Glas Gurken und ein kleines Eckchen Käse leer. Sie stellte beides auf einem freien Platz des Tisches ab und nahm sich dazu Knäckebrot. Nicht sehr ergiebig, aber letztendlich stellte es den Magen zufrieden. Kaum hatte sie den letzten Bissen geschluckt, zündete sie sich wieder eine Zigarette an. Sie erhob sich, öffnete das Fenster und lehnte sich ein Stück hinaus. Die frische Luft tat ihr gut und sie beschloss, ein Bad zu nehmen. Als sie wenig später in dem warmen Wasser lag, konnte sie spüren, wie es ihr zusehends besser ging.

In bequemen Leggins und einem weiten T-Shirt, nassen Haaren und die Haut vom warmen Wasser noch gerötet, begann sie ihre Wohnung aufzuräumen.

Schlafzimmer, Wohnzimmer und schließlich arbeitete sie in ihrer Küche. Ihr Elan hatte sich wieder zurückgemeldet. Sie putzte, schrubbte, wusch Geschirr ab, bezog ihr Bett neu und zu guter Letzt scheuerte sie noch das Bad.

Als sie den Spiegel im Bad blank polierte, sah sie, dass ihre langen Haare längst trocken waren und sie fing an, sie zu bürsten. Kritisch beäugte sie sich. Ihre Haut war noch verhältnismäßig glatt und die kleinen Fältchen um die Augen erweckten eher den Anschein von Lachfältchen. Trotz ihrer beiden Schwangerschaften, sie dachte kurz an ihre zwei erwachsenen Söhne, hatte sie ihre gute Figur behalten. Das war über die Jahre nicht immer einfach gewesen und erforderte oft Disziplin.

Plötzlich fröstelte sie. Mittlerweile war es Abend geworden und sie hatte die Fenster schon lange und weit geöffnet, so als wolle sie die Vergangenheit mit einer gewaltigen Prise Wind wegpusten lassen. Sie schloss die Fenster und ging langsam durch die wieder saubere Wohnung. Sie empfand ihr Inneres nun auch wieder etwas aufgeräumter – ein Ausdruck, den sie gerne benutzte.

Morgen, so nahm sie sich vor, würde sie ihre beiden Söhne anrufen und sie für kommenden Sonntag zum Essen einladen. Selbstverständlich mit ihren Ehefrauen und ihrem Enkelkind.

Wie sich am nächsten Morgen zeigte, hatte sie Glück und beide Söhne hatten am kommenden Sonntag Zeit, um mit ihren Frauen und ihrem einzigen Enkelkind zum Mittagessen zu kommen. Als Vorspeise würde sie eine Zucchinirahmsuppe kochen, als Hauptspeise sollte es ein Rinderbraten mit echten bayerischen Spätzle sein, nicht zu vergessen das Blaukraut und selbst eingemachte Preiselbeeren. Als Beilage würde es einen grünen Salat geben. Die Nachspeise würde aus einer lockeren Zitronencreme bestehen. Voller Vorfreude, endlich wieder eine große Tafel ausrichten zu können, fuhr sie am Samstag zum Einkaufen. Lebensmittel, Getränke und Naschereien und zu guter Letzt erstand sie im Spielzeugladen noch kleine Geschenke für ihr Enkelkind. Wie lange hatte sie die Kleine nicht gesehen? Unwichtig! Morgen würde sie den kleinen Racker endlich wieder in den Armen halten, falls Julia, die Frau ihres älteren Sohnes, nicht wieder spitze Bemerkungen machen würde, wie: »Du sollst die Kleine nicht immer hochnehmen!« oder »Bitte, Schwiegermama, lass Marie doch alleine auf dem Teppich spielen, du störst sie sonst in ihrer Konzentration!« Das i-Tüpfelchen aber war gewesen, als Julia meinte, dass sie Marie *falsch* halten würde. Sie müsste sie schon aufrechter halten. In der heutigen Zeit …

Sie konnte noch heute den Zorn fühlen, der ihr bei diesen Worten damals aufgestiegen war. Was bildete diese Kuh sich eigentlich ein, hatte sie damals gedacht und schon eine gepfefferte Antwort geben wollen. Doch dann hatte sie ihren Sohn angeschaut, der die Augen niedergeschlagen hatte. Das hatte sie nicht erwartet. Eher noch, dass er ihr zu Hilfe kommen würde, aber so etwas, nein! Sie war so bestürzt, dass sie nur den Kloß in ihrem Hals hinuntergeschluckt und nichts erwidert hatte. Das Verhältnis zu ihrer Schwiegertochter war danach merklich abgekühlt und auch Tom war daraufhin seltener nach Hause gekommen. Seit dieser Zeit gab sie sich bei gelegentlichen Treffen immer etwas distanzierter, worauf ihre Schwiegertochter sie eines Tages ansprach:

»Hannah-Mama, du kommst mir so verändert vor. Ist es dir zu viel, wenn wir dich besuchen? Du machst dir ja auch immer viel zu viel Arbeit.«

Fast hätte Hannah gelacht und zu Julia am liebsten gesagt:

»Du hast doch nur deine Schönheit und deine Kindergruppe im Kopf, ein anderes Gesprächsthema gibt es für dich gar nicht. Der Gipfel ist dann aber, wenn du nach einem sehr ausgiebigen Essen, von dem du sehr reichlich genommen hast, mir immer noch gute Kochtipps gibst, damit ich beim nächsten Mal die Soße oder den Braten noch besser machen kann. Jedes Mal ärgere ich mich darüber!«

So oft hatte sie schon in Gedanken diese Rede formuliert. Irgendwann würde sie diese aussprechen, da war sie sich sicher. Aber vorerst machte sie noch gute Miene zum bösen Spiel. Tom hielt sich so gut es ging aus den Konflikten heraus und bemerkte nur dann und wann, die Frauen müssten das unter sich ausmachen und selbst als ältere Frau könne man beim Kochen noch etwas von den Jüngeren lernen!

Schlimm fand Hannah, dass sich ihre Schwiegertöchter auch untereinander nicht verstanden. Eine wollte besser sein als die andere. Und ihre Söhne hatten sich zu richtigen Pantoffelhelden entwickelt. Wer hätte das gedacht? Hannah sicher nicht!

Am Sonntag stand sie früh auf, um baldmöglichst mit dem Zubereiten der Mahlzeit zu beginnen. Drei Stunden später duftete die ganze Wohnung nach Braten und auch die beiden Kuchen waren fertig und lagen einladend auf der Kuchenplatte. Die Kinder hatte sie für zwölf Uhr zum Mittagessen gebeten. Eine halbe Stunde vor der Zeit läutete es. Tom, Julia und Marie standen vor der Tür.

»Grüß dich, Mama.« Sie bekam von Tom ein Küsschen auf die Wange gedrückt.

»Hallo Schwiegermutter.« Julia nickte ihr nur kurz zu und fing sofort an zu schnuppern.

»Hm, hier duftet es ja fantastisch. Was gibt es denn heute?«

Bevor Hannah antworten konnte, schrie Marie wie am Spieß.

»Was ist denn mit dir los, Mariechen, du kennst doch Oma, oder?«

Genervt nahm Tom seine Tochter auf den Arm und versuchte sie zu beruhigen.

»Kein Wunder, sie sieht ihre Oma ja nicht so oft«, meinte daraufhin Julia mit einem Seitenblick auf Hannah.

»Nun kommt erst mal ins Wohnzimmer, sie wird sich schon beruhigen.«

Hannah hastete zurück in die Küche, um den Salat fertig zuzubereiten. Kurz vor zwölf sah sie auf die Uhr. Wo blieben nur Fabian und Laura?

Es war halb eins, als sie schließlich mit dem Essen begannen – ohne Fabian und Laura. Nach dem Essen fing Hannah an, den Tisch abzuräumen. Unzählige Male trug sie Geschirr in die Küche und servierte dann den Nachtisch.

»Mama, du hast dich heute wieder selbst übertroffen. Das Essen war spitze.«

Ihr Sohn lehnte sich zurück und strich über seinen Bauch, der sich unter dem Sweatshirt deutlich abzeichnete.

»Ja wirklich, deine Zitronencreme ist fast besser als meine«, kam es lobend von Julia.

»Danke!« Langsam kroch die Wut in Hannah wieder hoch, doch sie beherrschte sich.

Als der Tisch abgeräumt war, setzte sich Hannah und blickte auf Marie. Keiner sagte ein Wort. Alle saßen etwas verlegen auf ihren Stühlen und ein Gespräch wollte nicht so richtig in Gang kommen. Ihre Enkeltochter hatte sich auf Julias Schoß gesetzt und weigerte sich, zu Hannah zu gehen oder mit ihr zu sprechen.

»Guck mal, ich habe ein Geschenk für dich. Willst du es nicht öffnen?«

Hannah hielt ein Geschenk in der Hand, das sie liebevoll in buntes Papier eingepackt hatte. Ein kurzer Blick von Marie traf Hannah und dann vergrub sie sich wieder in der Bluse ihrer Mutter.

»Komm, Marie, wir bauen aus diesen schönen Steinen ein Haus, das magst du doch so gerne.«

Hannah deutete auf einen bunten Korb mit Bausteinen, den sie bereitgestellt hatte. Marie horchte auf, beugte sich nach vorne, doch Julia drückte sie sogleich wieder an sich.

»Mutter, es ist zwecklos, sie hat heute einen schlechten Tag«, kam es gelangweilt von Tom.

»Das Geschenk nehmen wir mit nach Hause, dort wird sie es schon auspacken«, kam es schnell von Julia.

Sie begannen nun ein schleppendes Gespräch über das Wetter, über den Flugzeugabsturz, der sich einige Tage zuvor ereignet hatte, und über den Stress in Toms Arbeit. Ungeniert gähnte Julia und beteiligte sich kaum an dem Gespräch. Als Hannah eine kurze Bemerkung über David machte, setzte ihr Sohn ein verschlossenes Gesicht auf und meinte nur:

»Bitte Mama, verschone uns mit deinen Problemen, ja, wir haben wirklich genug mit unseren eigenen zu tun.«

Peng, das hatte gesessen!

Die Hälfte des Kaffees war bereits durch den Automaten gelaufen, als Julia meinte: »Ich denke, es ist besser, wenn wir nach Hause fahren. Marie sieht nicht so gut aus, sie brütet bestimmt eine Erkältung aus. Ich werde mit ihr einen Nachmittagsschlaf halten. Mein Mariechen ist müde, gell.« Daraufhin gähnte nicht Marie, sondern Julia herzzerreißend. Zu Hannah sagte sie noch undeutlich: »Sie ist richtig blass um die Nase, findest du nicht auch?«

Nein, Hannah fand das ganz und gar nicht. Nur mit Mühe hielt sie sich zurück.

»Du kannst uns den Kuchen mitgeben, den essen wir dann später. Du wirst den ja nicht alleine essen wollen. In deinem Alter sollte man besser auf die Linie achten ...«, setzte Julia dem Ganzen noch die Krone auf.

Beim Abschied erkundigte sich Tom: »Hast du vielleicht vergessen, Fabian einzuladen?« Julia nickte dazu bestätigend.

»Nein«, sagte Hannah daraufhin zuckersüß, »ich bin zwar älter geworden, aber deshalb nicht vergesslich oder verkalkt!«

Mit voller Absicht vergaß sie, ihnen Kuchen mitzugeben. Lieber würde sie ihn in den Müll befördern, dachte sie grimmig. Endlich schloss sie die Tür hinter sich. Was hatte sie nur falsch gemacht? Hatte sie nur Egoisten großgezogen? Ihr Sohn Fabian meldete sich an diesem Tag nicht mehr bei ihr. Erst am nächsten Tag rief er an:

»Mutter, tut mir leid, aber wir waren so kaputt vom Vorabend, du weißt ja, unser Kegelabend! Er endete erst gegen vier Uhr morgens.« Er lachte dazu meckernd. »Wir haben den ganzen Tag nur gefaulenzt. Das haben wir dann einfach gebraucht, verstehst du?«

Natürlich verstand sie. Und überhaupt, sie fing gerade an zu verstehen – und wie!

»Nächste Woche kommen wir bestimmt! Du freust dich doch, oder? Sonntag?«, fügte er noch fragend hinzu.

»Tut mir leid, nächste Woche kann ich nicht.«

»Nein?«

»Nein!«

»Soll ich dich in den nächsten Tagen noch einmal anrufen, vielleicht hast du ja doch Zeit.«

»Sicher nicht, du kannst dir die Mühe sparen!«

Fabian hörte den scharfen Unterton heraus und beendete das unerfreuliche Gespräch.

»Also bis dann und ruf einfach an und wir kommen zum Essen.«

So, jetzt hatte sie wirklich genug. War sie denn nur gut genug, um alle zu bekochen oder ihre Probleme aufgehalst zu bekommen? Und wie oft schon hatte sie ihren Söhnen aus der einen oder anderen Notlage geholfen. Nein, damit war jetzt endgültig Schluss! Jetzt sollten sie alle spüren, dass ihre Gutmütigkeit Grenzen hatte.

Die Trennung von David wurde von ihren Söhnen totgeschwiegen und wenn sie eine Andeutung machte, dann erntete sie sofort Unverständnis. Alle waren auf Davids Seite. Sie würde nun einen Schlussstrich ziehen und endlich einmal nur an sich selbst denken.

Nun konnte sie, ohne ein schlechtes Gewissen zu haben, auch ohne Rücksicht einen neuen Lebensabschnitt beginnen. Niemals hätte sie gedacht, dass sie sich emotional so weit von ihren Kindern entfernen würde. Doch letzten Endes waren sie selber schuld, dachte sie wütend.

KAPITEL 8

Damals, als sie zu David ins Krankenhaus gefahren war, hatte sie noch im Besucherraum warten müssen, da er zu dieser Zeit operiert worden war. Zum Glück hatte es sich nur um eine Routineoperation gehandelt. David hatte sich schnell erholt und war kurze Zeit darauf wieder ansprechbar gewesen. Endlich hatte man sie zu ihm gelassen.

»Hallo, mein Schatz. Du machst ja Sachen!«

»Der übliche Begrüßungssatz eines Krankenbesuches«, kam es genervt von David, der ein Krankenhaushemd trug.

»Hast du Schmerzen, kann ich etwas für dich tun?«

»Bleib nur bei mir, dann geht es mir schon wieder viel besser. Du könntest mir helfen, aus diesem Engelshemd herauszukommen. Hast du an meinen Lieblingsschlafanzug gedacht?«

»Natürlich, aber du wirst davon nur das Oberteil anziehen können, denk an deinen frisch operierten Fuß.«

»Jaja, bitte hilf mir jetzt.«

Als er aufstöhnend wieder in sein Kissen zurücksank, räumte Hannah erst die mitgebrachten Kleidungsstücke in den ihm zugewiesenen Schrank ein, nahm sich einen Stuhl aus der Besucherecke und saß dann ganz dicht neben seinem Bett. Sie ergriff seine Hand und matt gab er den Druck zurück.

»Schön, dass du da bist!«

»Schön, dass *wir* da sind!«

»Wir? Bist du nicht alleine gekommen? Ist noch jemand dabei?«

»Ja, jemand sehr, sehr Kleines. Genau kann ich es dir noch nicht sagen, aber es ist auf jeden Fall entweder dein Sohn oder deine Tochter!«

David konnte es nicht glauben und fragte wieder und wieder nach, ob sie sich nicht doch vielleicht geirrt hatte.

»Wenn man dir so zuhört, könnte man glauben, du möchtest kein Baby haben.«

»Hannah, ich bin der glücklichste Mann auf der ganzen Welt. Ab heute musst du dich nur noch schonen und dich ganz auf das Kind konzentrieren. Natürlich werden wir unser Essen umstellen, damit du nur noch gesunde Kost zu dir nimmst. Auch deine Schuhe mit den hohen Absätzen lässt du nun stehen und kaufst dir sofort Schuhe mit gesunden Einlagen, außerdem ...«

»David, hör auf, ich bin doch nicht krank. Ich werde genauso leben wie bisher!«

»Selbstverständlich hörst du sofort mit dem Rauchen auf und dieses ungesunde gegrillte Fleisch wirst du auch nicht mehr essen. Unglaublich, ich werde Vater!«

Zum Glück kam eine Krankenschwester ins Zimmer und bat Hannah, den Besuch zu beenden.

»Nicht nur ich brauche Ruhe«, meinte er zu der netten Schwester, »meine Frau ist schwanger und braucht daher auch viel Ruhe.«

»David, bitte!« Hannah errötete. »Ich fahre jetzt nach Hause und besuche dich morgen wieder. Also, bis morgen.«

Die Krankenschwester bedachte David mit einem langen Blick, beglückwünschte die zukünftigen Eltern und zwinkerte Hannah verstohlen zu.

Hannah küsste David kurz und wollte das Zimmer schon verlassen, als er ihr noch jede Menge guter Ratschläge für die Fahrt nach Hause mitgab. Endlich schloss sie die Tür hinter sich und atmete erleichtert auf. Das konnte ja heiter werden!

Die Schwangerschaft verlief nicht ohne Komplikationen. Nicht, dass Hannah gesundheitliche Probleme gehabt hätte, nein, David war das Problem. Nicht selten musste sie sich durchsetzen, sonst hätte er nur noch über sie bestimmt. Wenn sie sich sehr ärgerte, dann versuchte sie sich stets vor Augen zu halten, dass David nun mal ein starkes Verantwortungsbewusstsein hatte.

Aber allem zum Trotz, David wollte bei der Geburt nicht anwesend sein und sie akzeptierte seinen Wunsch. Ihn dabeizuhaben, wäre sehr wichtig für sie gewesen, doch sie fügte sich. Wie so oft.

Nach der Geburt besuchte David sie. Natürlich hatte er einen großen bunten Blumenstrauß mitgebracht und auch an eine schöne Halskette hatte er gedacht. Die anderen Patientinnen im

Zimmer beneideten sie um ihren charmanten Mann. Besorgt erkundigte er sich nach ihrem Befinden oder ob sie irgendwelche Wünsche habe.

»Möchtest du wirklich kein Einzelzimmer? Soll ich dir das Essen von Frau Mendelson zubereiten lassen?«

Dankend lehnte sie ab. Sie genoss es sogar, ein Zimmer mit anderen Frauen zu teilen, denn dadurch hatte sie Unterhaltung.

»So ein gut aussehender Mann und dieser Charme!« Ihre Bettnachbarin konnte nicht genug von David schwärmen.

»Ein Mann von Welt ... «

Hannah antwortete darauf nicht und lenkte das Gespräch unauffällig in eine andere Richtung.

Auch ihre Eltern besuchten sie im Krankenhaus und konnten sich an ihrem ersten Enkelkind nicht sattsehen. Selbstverständlich hatte ihr Vater sofort ein Sparbuch mit den *besten Konditionen* angelegt.

»Schließlich soll er ja mal Geld haben, falls er studieren oder seinen Doktor machen möchte. Vorher wird er noch den Führerschein machen und braucht dann ein Auto. Vielleicht gebe ich ihm dann unser Auto und wir kaufen uns ein anderes, gell, Mama«, sprach er zu seiner Frau.

Hannahs Mutter zuckte nur mit den Achseln und widmete sich wieder dem kleinen Tom.

»Aber Papa! Tom ist eben auf die Welt gekommen, meinst du nicht, es ist ein bisschen zu früh, um solche Dinge zu besprechen?«

»Glaub mir, Kind, frühzeitig mit der Planung anzufangen ist nie verkehrt!«

Ergeben nickte sie und erfreut sah sie, wie ihre Freundin Lea nach kurzem Anklopfen das Zimmer betrat. Noch an der Tür gluckste ihre Freundin:

»Hannah! Jetzt bist du eine junge Mutter, das hältst du ja im Kopf nicht aus. Gerade mal selber aus den Windeln und schon buddelt sie in kleiner Leute ..., äh, wechselt Windeln! Bevor ich dir dein Geschenk gebe, möchte ich aber den kleinen Scheißer erst mal in den Armen halten. Falls er mir nämlich nicht gefällt, esse ich die mitgebrachten Pralinen selbst.«

Sie begrüßte Hannahs Eltern und plapperte munter weiter: »Grüß Gott, liebe Großeltern. Meine Späße kommen bei Ihnen nicht so gut an, was? Aber keine Sorge, war nicht so ernst gemeint. Bestimmt gefällt mir der kleine Spross, auch wenn ich selbst so einen nie haben möchte.« Entsetzt starrten sie auf Lea, bevor sie sich wieder ihrer Tochter zuwandten.

»Also, Liebes, wir sehen uns nächstes Mal bei dir zu Hause.«

Hannah, die ihr Lachen kaum zurückhalten konnte, verabschiedete sich schnell von ihren Eltern und vergrub ihr Gesicht in einem Taschentuch. Sich die Lachtränen aus den Augen wischend, meinte sie: »Lea, ich bin überzeugt, dass dich meine Eltern jetzt überhaupt nicht mehr leiden können, aber ihre Gesichter waren wirklich zu komisch. Beim nächsten Zusammentreffen wirst du dich aber wie eine Dame benehmen, versprochen?« Bemüht um einen strengen Gesichtsausdruck, fixierte sie ihre Freundin.

»Das bekomme ich hin«, kam es übertrieben ernst von Lea.

An diese fröhlichen Stunden im Krankenhaus dachte Hannah in den nächsten Wochen sehr oft. Wieder zu Hause, konnte sie sich ausschließlich um ihr Baby kümmern. Sie liebte den kleinen Tom und konnte es kaum fassen, so ein liebes Baby zu haben. Nur David trübte ihr Glück. Er hatte Anweisungen gegeben, dass nur gesunde und ballaststoffreiche Kost für sie serviert werden durfte. Das Allerbeste war für sie und das Baby gerade gut genug. Doch sein Eifer nahm ihr schier die Luft zum Atmen. David würde der Kanzlei für voraussichtlich vier Wochen fernbleiben und von zu Hause aus die wichtigsten Fälle bearbeiten. Er wollte ihr und dem Baby so nahe sein wie nur möglich. Nach drei Wochen verfiel Hannah in eine Depression.

David mischte sich überall ein. Telefonanrufe wimmelte er charmant, aber unnachgiebig ab.

»Wirklich, meine Frau und das Baby brauchen jetzt Ruhe. Sicher wird sich Hannah freuen, wenn du in ein oder zwei Monaten zu Besuch kommst.«

Zufällig hörte sie eines dieser Gespräche mit, die David in seinem Arbeitszimmer führte. Wutentbrannt stürmte sie in das Zimmer.

»Was fällt dir ein? Bin ich etwa ansteckend krank? Wie kannst du nur für mich Entscheidungen treffen, ohne mich zu fragen?«
»Bitte beruhige dich, ich will doch nur dein Bestes!«
»Mein Bestes! Seit Wochen tyrannisierst du mich und sogar beim Stillen hast du dich eingemischt. Ich habe es satt. Wenn das nicht besser wird, ziehe ich zu meinen Eltern«, drohte sie.

David blieb ruhig. Er lehnte sich in seinem Sessel zurück und betrachtete Hannah. »Es wird Zeit, dass du mit deinen Spinnereien aufhörst. Ich nehme dir jegliche Arbeit ab, beziehungsweise lasse sie dir abnehmen und kümmere mich um euch und du machst mir alle meine Bemühungen zum Vorwurf! Jede andere Frau wäre dankbar, solch ein Leben zu führen.«

Stimmte das? Hannah wurde unsicher. Als David seine Hand nach ihr ausstreckte, lief sie in das Kinderzimmer und setzte sich zu ihrem schlafenden Baby. War sie ihrem Mann gegenüber ungerecht?

In den nächsten Monaten nach der Geburt bekam sie fast ausschließlich ihre Eltern, Frau Mendelson und David zu Gesicht. Selten fuhr sie zum Einkaufen, da David alles besorgte und ihr regelrecht alle Wünsche von den Augen ablas. Folglich fehlte es ihr an nichts. Hinter seinem Lächeln und seiner gespielten Gutmütigkeit versteckte er in Wirklichkeit Härte und Durchsetzungsvermögen. In Wahrheit setzte er immer seine Wünsche durch und ließ andere Meinungen kaum gelten.

So richtete sich ihr Leben immer mehr nach den Wünschen ihres Mannes. Sie hatten schon so oft über dieses Thema gesprochen und letzten Endes war es immer Hannah, die von ihm überzeugt wurde. So rutschte sie immer tiefer in eine Abhängigkeit und bemerkte es nicht.

Als schließlich ihr zweiter Sohn, Fabian, geboren wurde, nahm sie es fast als selbstverständlich hin, sich in allen Dingen zuerst mit David zu besprechen, bevor sie etwas entschied oder unternahm. Nicht selten redete er ihr ihre Ideen aus und überhäufte sie mit seinen Ansprüchen, welche auch die Kinder betrafen.

Ihm hoch anzurechnen war, dass er sich vorbildlich um seine Kinder kümmerte. Er scheute sich auch nicht davor, Windeln zu wechseln oder in der Nacht nach den Kindern zu sehen. Oft brachte er ausgesuchtes Spielzeug mit nach Hause, welches sich natürlich fördernd auf die noch schlummernden Talente der Kinder auswirken würde. Der Druck, den David auf sie alle ausübte, wurde immer größer. Sie musste den Kindern gerecht werden, wollte ihnen eine normale und unbeschwerte Kindheit ermöglichen, und das nicht nur im materiellen Sinne, andererseits sollte sie aber ihren Mann mit seinen Forderungen zufriedenstellen. Und so saß sie immer zwischen zwei Stühlen.

In den kommenden Jahren kam es immer häufiger zu Streitigkeiten zwischen den Eheleuten. Meist zog dabei Hannah den Kürzeren. Sie sehnte sich nach ihrer Freundin Lea, die sie viele Jahre nicht mehr gesehen hatte. Irgendwie war der Kontakt eingeschlafen und nun wollte sie die Freundschaft wieder auffrischen. Vorerst gab sie sich mit Telefongesprächen zufrieden, aber dann wurde der Drang, die Freundin zu sehen, immer stärker. Lea wusste um die Zwangslage, in der Hannah sich befand und drängte sie diesbezüglich nicht. Im Gegenteil, sie munterte ihre Freundin so gut es ging auf und stärkte damit auch ein bisschen Hannahs Selbstvertrauen.

Eines Abends, die Luft war noch angenehm warm, saßen David und Hannah im Garten. Die Kinder hatte sie zu Bett gebracht und auch Frau Mendelson war nach Hause gegangen.

»Bitte, David, ich muss mit dir sprechen.«

»Worum geht es, möchtest du etwas?«

»Ja, etwas mehr Freiheit, meine Freundin sehen, mit ihr einen Einkaufsbummel oder einen Spaziergang machen, und zwar mit ihr alleine, ohne dich oder die Kinder. Wir machen alles gemeinsam, und das ist für mich zu einem Problem geworden.«

»Ja, wir haben ein Problem. Doch dafür bist du verantwortlich. Ich tue alles für dich und die Kinder, du musst keine Hausarbeit machen und kannst dich ausschließlich um die Kinder kümmern und nun beklagst du dich. Du bist wirklich undankbar! Was deine Freundin angeht, sie möchte dir nur einen Floh ins Ohr setzen, wie schön das Leben ohne Familie ist oder sonstigen Quatsch.«

»Das ist nicht wahr«, verteidigte sie Lea.

»Mit ihr kann ich auch mal über andere Themen als nur über Kinder und den Essenplan reden, wobei du das ja auch noch übernommen hast. Doch ich sage dir, wenn beide die Schule besuchen, werde ich wieder anfangen zu arbeiten. Entweder bei dir in der Kanzlei oder bei einem Kollegen von dir. Egal wo, denn zu Hause werde ich depressiv, schon jetzt habe ich kaum noch Lebensfreude. Ich lebe buchstäblich in einem goldenen Käfig.«

Das hatte David nicht erwartet. Ziemlich laut und unbeherrscht schrie er nun:

»Ich halte es auf jeden Fall für wichtig, dass du dir erst einmal der Verantwortung, die du trägst, bewusst wirst. Du erziehst schließlich unsere Kinder!«

»Ich erziehe unsere Kinder?«, schrie nun auch Hannah. »Ich führe lediglich deine Anweisungen aus.«

»Einer muss dir doch helfen. Letztendlich halte ich jede Belastung und unangenehme Arbeit von dir fern. Nehme mir Arbeit mit nach Hause, um bei dir und den Kindern sein zu können, und du möchtest mich und die Kinder im Stich lassen und alleine weggehen! Wer weiß, was dir dann alles einfällt ...«

Nun reichte es Hannah.

»Es ist genug, ich werde meine Konsequenzen ziehen«, drohte Hannah.

Äußerlich hatte David sich wieder gefangen und erwiderte fast belustigt: »Bitte schön, Reisende soll man nicht aufhalten, aber sei dir darüber im Klaren, dass ich die Kinder niemals hergeben werde! Niemals! Verstehst du?«

Hannah verschlug es die Sprache!

Bevor der Streit zu eskalieren drohte, verschwand David in seinem Arbeitszimmer. Voller Wut rang Hannah mit den Tränen. Sie fühlte sich so gedemütigt, konnte aber nichts dagegen tun. Er würde am längeren Hebel sitzen und ohne die Kinder konnte und wollte sie nicht leben.

Von diesem Zeitpunkt an verfolgte David sie mit Argusaugen. Wenn sie etwas später mit den Kindern vom Spielplatz kam, wollte er sofort wissen, ob noch andere Leute dabei gewesen waren, wer, und wo sie so lange gewesen sei. Er befragte nur die Kinder und tat das sehr geschickt.

»Was, ihr seid wirklich mit Mama alleine auf dem Spielplatz gewesen? Habt ihr euch nicht mit jemandem getroffen, damit es euch nicht langweilig wird?«

Solche und ähnliche Fragen stellte er nun fortwährend. David hatte sich zu einem richtigen Tyrannen entwickelt, natürlich in attraktiver Verpackung. Nach außen hin war er nach wie vor charmant, kaufte für Hannah und die Kinder immer kleine Geschenke und verwöhnte sie. Aber er protestierte sofort, falls etwas mal nicht nach seiner Nase ging. Er wollte über alles informiert werden.

»Schau, Liebling, ich will nicht, dass meine hübsche Frau von anderen Leuten angepöbelt wird. Wenn du unbedingt einen Einkaufsbummel machen willst, werden wir am Samstag fahren. Die Kinder lassen wir dann bei Frau Mendelson und wir können in aller Ruhe einkaufen.«

»Nein, ich will alleine einkaufen. Ich möchte einiges für mich besorgen und dazu lediglich zwei oder drei Stunden alleine zum Einkaufen gehen, verstehst du das denn nicht? Außerdem bin ich keine Gefangene und kann kommen und gehen, wo und wann ich will, merk dir das gefälligst!«

»Reg dich nicht so auf, du kannst ja alleine weggehen. Niemand hält dich auf!«

Verunsichert blickte sie ihm in die plötzlich eiskalten Augen.

»Was wirst du in dieser Zeit machen?«

»Ich? Ich werde auf die Kinder aufpassen, da ihre Mutter sie einfach im Stich lässt. Sorry, nicht so gemeint«, fügte er noch hinzu. »Kleiner Scherz.«

Das war jetzt Hannah wirklich zu blöd.

»Ich lasse doch meine Kinder nicht im Stich, bloß weil ich mal einkaufen gehe. Sie haben doch auch noch dich, ihren Vater.«

Ohne darauf einzugehen, fragte David: »Sollen wir mit dem Mittagessen auf dich warten, oder wird es später?«

Hannah fuhr an diesem Samstag dann nirgendwo hin, sie blieb zu Hause. David wollte sie noch überreden, mit ihm zum Einkaufen zu fahren, doch sie lehnte ab. Auch mit Lea traf sie sich nicht. Hannah zog sich immer mehr zurück, denn viele weitere dieser unschönen Szenen spielten sich in den nächsten Jahren ihrer Ehe ab. Die Kinder wurden größer und gingen langsam ihre eigenen Wege. David bestand darauf, immer zu wissen, wo seine Kinder waren und bei wem. Auf Hannahs Frage, warum sie denn so selten ihre Freunde mit nach Hause brächten, antworteten beide, dass die Freunde alle so großen Respekt vor David hatten und sich buchstäblich beobachtet fühlten. Außerdem lebten sie in dem großen Haus mit den wertvollen Möbeln – kurz und gut, es war ihnen einfach alles zu fein.

Die Jahre vergingen und ehe sich Hannah versah, waren beide Kinder auf dem Gymnasium und standen kurz vor ihrem Abitur. In ihrer Ehe hatte sich wenig verändert. Sie selbst hatte sich David angepasst und war seit der Geburt ihrer Kinder nicht mehr berufstätig gewesen. Sie führte ein zurückgezogenes Leben und füllte die Tage mit Gartenarbeiten und Lesen aus. Einige Male in der Woche arbeitete sie ehrenamtlich in einem Seniorenheim, das nur wenige Minuten von ihrem Wohnort entfernt war.

Manchmal besuchte sie mit David Partys oder begleitete ihn zu anderen gesellschaftlichen Terminen, die für seine Karriere von großer Bedeutung waren. Voller Stolz stellte er sie dann den anwesenden Gästen vor und sonnte sich in der Bewunderung, eine so schöne Frau zu haben. Hannah langweilte sich an diesen Abenden fast immer zu Tode, ließ sich aber niemals etwas anmerken, auch David gegenüber nicht. Sie lebte immer mehr in sich zurückgezogen.

Anders ihre Söhne. Sie waren sehr aktiv. Tom belegte viele außerschulische Kurse und verbrachte viel Zeit in der Bibliothek. Auch wurde er David immer ähnlicher, nicht nur vom Aussehen her, sondern auch im Wesen. Ehrgeiz hatte er schon von klein auf besessen und somit war es nicht verwunderlich, dass er zu den Besten in seiner Schulklasse gehörte. Später bestand er das Abitur mit sehr gut und fing sofort an, Medizin zu studieren.

Mit Fabian hingegen gab es Probleme. Er war immer schon ein eher mittelmäßiger Schüler gewesen, der sich mehr schlecht als recht durch das Gymnasium quälte. Seine freie Zeit verbrachte er lieber im Sportclub oder in der Autowerkstatt seines Freundes als an seinem Schreibtisch. Fast täglich bastelten er und sein Freund Rudolf an alten Autos.

Als Fabian die Fahrschule absolviert und den Führerschein in der Tasche hatte, bekam er von David ein Auto. Nun fuhr er täglich viele Kilometer in die Werkstatt von Rudolf, um an seinem Auto herumzuschrauben. David brachte das oft an den Rand des Wahnsinns.

»Was soll nur aus dir werden? Mit Müh und Not hast du jetzt das Abitur bestanden, aber Tag und Nacht denkst du nur an Autos. Stattdessen wäre es besser, du würdest dir endlich klar werden, was du studieren möchtest. Viel Zeit gebe ich dir nicht mehr mit deiner Entscheidung«, fügte er noch streng hinzu.

Vater und Sohn saßen sich gegenüber, jeder mit einem genervten Gesichtsausdruck.

»Und wie du wieder aussiehst! Deine Hände sind zerkratzt und voller Schwielen. Von deinen Fingernägeln ganz zu schweigen. Auch dein Gesicht ist noch voller Schmiere!«

»Ja, Papa, aber jetzt habe ich einen neuen Sportauspuff und der sieht einfach super aus. Außerdem habe ich die Bremsbacken erneuern müssen und das ist eine sehr schmutzige Arbeit.« Begeistert fuhr er fort, David Details seiner Arbeit mitzuteilen.

Brüsk unterbrach ihn sein Vater: »Ich verstehe das nicht, dein Auto ist fast neu und du bastelst immer daran herum. Sag mir einfach Bescheid, und du kannst dein Auto in die Werkstatt bringen. Ich bezahle dir doch die Reparaturen!«

»Das mache ich lieber selber. Habe ich dir schon erzählt, dass Rudolf nun die Werkstatt seines Vaters übernommen hat?«

»Ja, und mir wäre es sehr recht, wenn du später einmal in meine Kanzlei mit einsteigen würdest. Bald fängt auch für dich das Studieren an, dann wird dir das mit dem Autoreparieren schon vergehen«, prophezeite ihm sein Vater.

»Das glaube ich nicht, denn ich werde nicht studieren!«

»Bitte, sag das noch einmal!« David schaute ungläubig auf seinen Sohn.

»Ich werde nicht studieren. Die ganzen Jahre hast du mir eingeredet, dass ich auch Anwalt werden möchte. Aber ich will nicht. Die Arbeit am Schreibtisch ist nicht mein Ding, ich will mit den Händen arbeiten und Automechaniker werden. Zu diesem Entschluss bin ich schon lange gekommen.«

»Du willst doch damit nicht etwa sagen, du hast dein Abitur gemacht, um jetzt als Automechaniker anzufangen?«, brüllte David fassungslos.

Hannah legte die Hand auf Davids Arm.

»Nun hör ihn doch wenigstens mal an.«

»Misch dich nicht ein. Ich will keinen Sohn, der studiert und dann an Autos rumbastelt!«

»Papa, das ist meine Sache!« Auch Fabian wurde nun lauter und bald waren sie mitten in einem handfesten Streit. Er endete schließlich damit, dass Fabian mit einer Sporttasche, die seine nötigsten Kleidungsstücke enthielt, das Haus verließ, jedoch nicht ohne sich vorher von seiner Mutter verabschiedet zu haben:

»Du siehst ja selber, wie Papa reagiert. Ich werde die nächste Zeit bei Rudolf wohnen, bis Papa sich wieder beruhigt hat. Ich bin volljährig und Papa muss meinen Berufswunsch einfach akzeptieren. Mach's gut.«

Fabian begann dann wirklich eine Ausbildung als Automechaniker, denn Hannah hatte ihrem Bruder von dem Streit erzählt und von ihren Befürchtungen, dass Fabian nun, ohne eine Lehre zu beginnen, bei seinem Freund arbeiten würde. Noah kannte den Manager eines großen Autokonzerns und konnte helfen. Fabian bekam einen Ausbildungsplatz.

Hannah dachte in dieser Zeit wieder an Robert und an die Autowerkstatt, die er damals übernommen hatte. Fabian hatte sie nichts davon erzählt und sie würde es auch in nächster Zeit nicht tun, nahm sie sich vor.

Mit viel Freude ging Fabian seiner Ausbildung nach. Auch ein kostengünstiges Appartement wurde ihm von der Firma gestellt. Somit hatte Hannahs Jüngster das Elternhaus ziemlich früh verlassen. David hatte zuerst fürchterlich getobt, sich aber dann doch damit abgefunden. Letztendlich erzählte er dann allen möglichen Leuten auf den unvermeidlichen Partys stolz, was für einen tüchtigen Sohn er habe. Über Tom jedoch war es des Lobes mehr als voll.

»Ja, Tom ist der geborene Mediziner. Derzeit absolviert er in der Universitätsklinik ein Praktikum und gehört selbstverständlich zu den Besten.«

Hannah war es geradezu peinlich. Die Leute hörten David aus reiner Höflichkeit zu, aber natürlich interessierte das niemanden von ihnen.

Als sie ihren Mann bei einer seiner Reden betrachtete, fiel ihr wieder auf, welch großer Egoist er doch war. Wenn sie ihn mit ihrem ersten Mann verglich, schnitt David nicht sehr gut ab. Natürlich hatte er auch viele Qualitäten, aber Gefühle hatte er so gut wie keine.

Alle Welt war von seinem Charme und seiner Redegewandtheit beeindruckt, doch keiner sah hinter die Fassade, hinter der er sich ständig versteckte. Er hatte sich zu einem Promi-Anwalt hochgearbeitet. Das bedeutete nun auch mehr Geschäftsreisen und dass die Arbeitstage ziemlich spät endeten. Hannah war das ganz recht. In all den Jahren hatte sie sich an ihr einsames Leben gewöhnt und verlangte demzufolge auch nicht mehr nach etwas anderem.

Ihre Eltern waren trotz ihres Alters noch sehr agil. Ob mit dem Flugzeug in ferne Länder oder mit dem Auto nach Italien, sie waren den größten Teil des Jahres unterwegs.

Ihr Bruder lebte seit mehr als fünf Jahren mit einer Frau zusammen, mit der sie sich, mehr oder weniger, gut verstand. Die beiden führten eine offene Beziehung und das führte nicht selten zu Streitereien. Hannah traf sich alle paar Monate mit Noah, das aber David nicht gefiel. Doch das ließ sie sich nicht nehmen. Das war die einzige Freiheit, die sie sich in diesen Jahren gegönnt hatte. David nahm es zähneknirschend hin und hielt sich bis auf einige spitze Bemerkungen weitgehendst zurück. Doch genau diese Treffen beschworen eines Tages einen handfesten Streit herauf.

Begonnen hatte es damit, dass Hannah etwas später als angekündigt, von ihrem Treffen mit Noah zurückkam. David schnaubte vor Wut, wo sie denn so lange geblieben wäre. Seine Vorwürfe wurden immer heftiger, bis es Hannah zu bunt wurde. Sie verließ türenknallend den Raum. Verwundert nahm David den Türknall wahr. Was war bloß in seine Frau gefahren? Niemals zuvor hatte Hannah mit den Türen geknallt!

David begriff noch nicht, dass Hannah sich veränderte. Er stellte nur fest, dass sie sich ihm nicht mehr so anpasste wie bisher und ihn vermehrt mit ihrer eigenen Meinung konfrontierte. Das mochte er überhaupt nicht und so war dicke Luft zwischen den beiden angesagt. In dieser Zeit verließ auch Tom, kurz vor Beendigung seiner Ausbildung als Mediziner, das Elternhaus. Er hatte ein Mädchen kennengelernt, Julia, mit der er bald darauf in eine gemeinsame Wohnung zog.

Jeder Tag war fast wie der andere und doch verflog die Zeit schnell. Als Hannah eines Montagvormittags in ihrer Küche saß und lustlos die Zeitung durchblätterte, stach ihr eine Stellenanzeige buchstäblich ins Auge.
»Friseursalon Maris sucht netten Lehrling.«
War das nicht der Salon, in dem Lea gearbeitet hatte?
In den letzten Jahren hatten sie sich wieder ein bisschen aus den Augen verloren. Zu den Geburtstagen und zu Weihnachten schrieben sie sich noch, aber dann wurden auch diese Nachrichten und Glückwünsche immer spärlicher. Doch ganz versiegten sie nie.
Sollte sie Lea einfach mal anrufen? Konnte sie das überhaupt noch, nach der langen Zeit, in der sie sich nicht gesehen hatten? Montag! Sicher hatte sie heute ihren freien Tag, vorausgesetzt, sie arbeitete noch in ihrem alten Beruf.
Montags schlafe ich immer, bis die Mittagssonne mich aus den Federn zwingt. Bestimmt tausendmal hatte Hannah diesen Satz von ihr gehört. In Gedanken ging sie die Telefonnummer noch einmal durch.
Ja, selbst nach so langer Zeit hatte sie die Nummer nicht vergessen. Es könnte natürlich auch sein, dass Lea umgezogen war eine andere Telefonnummer hatte und mit ihr gar nichts mehr zu tun haben wollte.
Etwas abwegiger war, dass sie zwischenzeitlich verheiratet war und somit einen anderen Nachnamen trug. Doch sicherlich hätte sie ihr dieses Ereignis auf einer ihrer Karten, selbstverständlich am Rande und mit einer ihren dummen Bemerkungen mitgeteilt. Früher, vor ewigen Zeiten, so kam es Hannah vor, hatten sie regel-

mäßig etwas zusammen unternommen. David hatte es schließlich geschafft, den Kontakt auf ein Minimum zu reduzieren. Immer seltener hatten sie sich dann gesehen, bis schließlich nur noch der sporadische Briefkontakt bestand.

Zweimal griff sie nach dem Hörer und legte doch jedes Mal wieder auf. Irgendwie fehlte ihr der Mut, nach so langer Zeit den Kontakt erneut aufzunehmen. Was wäre, wenn Lea einfach den Hörer wieder auflegen oder sie einfach nur dumm anquatschen würde? Nein, lieber nicht, oder doch?

Erneut griff sie zum Telefon und dieses Mal wählte sie die Nummer. Einmal, zweimal, dreimal, das Telefon gab ein Freizeichen von sich und fast erleichtert darüber, dass Lea anscheinend nicht zu Hause war, wollte sie gerade auflegen, als sie ein Knacken im Hörer hörte. Dann ertönte eine schlaftrunkene Stimme: »Ich hoffe nur, du hast einen guten Grund, mich um meinen heiligen Schlaf zu bringen.« Stille! Dann: »Hallo! Ist niemand dran …? Blödmann!«

»Lea?«

Seufzend schnaufte sie in den Hörer. »Wer ist dran?«

»Hannah.«

»Hannah?«

»Hallo Lea, ich wollte dich nicht wecken, entschuldige! Soll ich später noch mal anrufen?«

»Ja, da dreht es mir ja die Trommel aus den Ohren, bist du es wirklich, Hannah?«

»Ja!«

»Mensch, wie ich mich freue, dich zu hören. Ich dachte schon, du hast mich vergessen.« Lea wurde sofort munter.

»Nein, wie kommst du denn darauf. Aber du weißt ja, die Kinder und dann David, der sich immer aufregte – einfach zu viele ungünstige Umstände. Aber du hättest ja auch mal anrufen können.«

»Einmal? Mindestens hundertmal habe ich versucht, dich zu erreichen, aber dein Hausdrachen oder auch David haben mich immer wieder von Neuem abgewimmelt. Du hast dich doch immer geweigert, mit mir zu sprechen.«

Hannah konnte es nicht glauben: David hatte es wirklich gewagt, über ihren Kopf hinweg zu entscheiden, mit wem sie sprechen durfte! Er hatte sie sozusagen entmündigt! Sein Wille musste unter allen Umständen geschehen.

Sofort berichtete sie die Sachlage und war froh, dass ihre Freundin ihr glaubte.

»Mensch Hannah, eigentlich hat er einen saftigen Denkzettel verdient, findest du nicht auch?«

»Doch schon, aber was meinst du damit?«

»Mir fällt bestimmt etwas ein, muss nur ein bisschen überlegen, aber das eilt ja nicht.«

»Aber es darf nichts sein, wobei er sich verletzen könnte. Auch darf er nicht …«

»Na, du Mäusepups, hast du wieder einmal Schiss vor der eigenen Courage?«

»Was du wieder für Ausdrücke hast. Bestimmt vermisste mein Unterbewusstsein deine dummen Sprüche und darum habe ich dich heute angerufen. Ich kann einfach nicht normal sein …«

»Nein, das bist du auch nicht und nun lässt du mich an meinem freien Tag noch ein Stündchen oder zwei schlafen und kommst bis spätestens 15 Uhr zu mir. Aber pünktlich, wenn ich bitten darf.«

»Toll, das ist genau, was ich heute brauche. Übrigens, es hat mir sehr gutgetan, deine Stimme zu hören.«

Als Antwort hörte sie ziemlich laut ein lang gezogenes Gähnen.

»Gähn, und mir tut es gut, wenn du am Nachmittag nicht vergisst, zwei große Stück Kuchen mitzubringen.«

Sie verhielt sich immer noch wie früher. Beide verabschiedeten sie sich und freuten sich auf den Nachmittag.

Hannah war so aufgeregt, dass sie sich innerhalb von zehn Minuten schon die zweite Zigarette anzündete. Zuerst musste sie jetzt mit Frau Mendelson sprechen. Aber im ganzen Haus war sie nicht zu finden. Schließlich betrat sie die Terrasse und sah ihre Haushälterin, die in den letzten Jahren ziemlich alt geworden war, auf einem Stuhl sitzen. Bei Hannahs Anblick wollte sie sich sofort erheben.

»Nein, bitte bleiben Sie sitzen.«

Hannah zog sich auch einen Stuhl heran und ließ sich darauf niedersinken.

»Frau Mendelson, ist Ihnen nicht gut? Soll ich Ihnen ein Glas Wasser bringen?« Besorgt sah sie in das blasse Gesicht der alten Frau.

»Nein danke, es geht schon wieder. Ich werde einfach alt und meine Gesundheit ist nicht mehr die beste. In absehbarer Zeit werde ich Herrn Kerner und Sie verlassen müssen. Die Arbeit wird mir einfach zu viel.«

Hannah war ehrlich betroffen.

»Aber nun mal langsam, seit Jahren habe ich das Gefühl, dass Sie überhaupt nicht älter werden. Und was den Haushalt anbetrifft, können Sie es ruhig langsamer angehen lassen.«

»Nein, Sie verstehen mich nicht. Es liegt nicht nur an dem Haushalt. Ich bin einfach müde geworden und möchte meine kleinen Wehwehchen zu Hause pflegen. Viele Jahre bin ich nun schon bei Ihnen, habe Ihre Kinder aufwachsen sehen und mich fast als Familienmitglied betrachtet. Doch nun ist das Haus bis auf Sie beide leer und Sie selbst brauchen mich nicht mehr so dringend. Eine jüngere Nachfolgerin lässt sich bestimmt bald finden. Ich hatte mir sowieso vorgenommen, mit Herrn Kerner darüber zu sprechen.«

»Gut, wie Sie wollen, aber eines sage ich Ihnen: Mein Mann und ich lassen Sie ungern gehen, aber ich kann Sie verstehen. Ich werde mit ihm sprechen. Bevor ich es vergesse: Am Nachmittag habe ich einen Termin und werde erst am Abend wieder zurück sein. Falls mein Mann vor mir zu Hause ist, teilen Sie ihm bitte mit, er soll mit dem Essen nicht auf mich warten.«

»Das wird ihm aber gar nicht recht sein.« Frau Mendelson legte ihre Stirn in Falten und schaute Hannah prüfend an.

»Einerlei, bitte richten Sie ihm das aus.« Etwas verärgert ging sie zurück ins Haus.

Endlich stand sie mit einem Kuchenpaket bewaffnet vor Leas Wohnung. Würde sich zwischen ihnen eine Kluft gebildet haben oder würden sie sich immer noch wie früher verstehen? Ein kurzer Summton erklang, als sie die Klingel drückte. Nichts war zu hören. Dann noch einmal. Erneut drückte sie den Klingelknopf und wieder absolute Stille. Ein Blick auf die Armbanduhr bestätigte ihr: genau fünfzehn Uhr! Noch ein letztes Mal würde sie es versuchen und wenn sie dann nicht öffnete, würde sie wieder nach Hause fahren! Kaum erklang der Summton erneut, wurde die Tür regelrecht aufgerissen. Lea zog mit der rechten Hand ihre Jogginghose noch ein Stück nach oben und band sich dann seelenruhig das Bändchen an der Taille.

»Sorry, war gerade auf dem Klo.«

Erst dann hob sie den Kopf und sah Hannah in die Augen. Sie blickten sich sekundenlang an und fielen sich dann wortlos in die Arme. Beide hatten verdächtig glitzernde Augen bekommen, als sie sich endlich voneinander lösten. »Äh, komm herein. Da ich dich unter Personal abgeheftet habe, setzen wir uns in die Küche. Nun gib mir schon das Kuchenpaket, oder willst du alles alleine essen?«

»Lea, ich bin so glücklich, hier bei dir zu sein.«

»Kann ich gut verstehen, denn den besten Kaffee der Welt, den gibt es nur bei mir.«

»Kannst du denn nicht mal eine Minute lang ernst bleiben?«

»Könnte ich schon, aber da würde mich meine Verlegenheit übermannen und ich wäre nicht mehr imstande, einen Kaffee zu kochen. Nein, Quatsch, ich bin einfach nur aufgeregt, und da muss ich ständig quasseln. Ich bin immer noch wie früher, nur mein Mundwerk ist noch schärfer geworden.«

Es war, als wären die alten Zeiten wieder hereingebrochen. Viele Stunden schwelgten sie in Erinnerungen und erzählten sich aus ihren Leben.

»Ich kann es einfach nicht glauben. Du hast zwei erwachsene Söhne, bist schon hundert Jahre verheiratet und doch wirkst du auf mich so unglaublich jung. Wie machst du das nur?«

Bevor Hannah antworten konnte, kam Lea ihr mit erhobenem Zeigefinger etwas entgegen: »Lass mich raten! Einen Hausdrachen gibt es immer noch und du hegst und pflegst dich den ganzen Tag, stimmt das?«

»Nein, so ist es auch wieder nicht. Ich habe mir schöne Blumen- und Gemüsebeete im Garten angelegt und pflege diese wie meinen Augapfel. Außerdem haben wir, also David und ich, viele gesellschaftliche Verpflichtungen, denen wir nachkommen müssen.«

»Und im Winter? Pflegst du da die Frostblumen an den Fensterscheiben? Also, du wirst mir doch nicht erzählen, dass du die ganzen Jahre nichts gearbeitet hast und dich nur deinen Kindern und deinem Mann gewidmet hast.«

Stockend begann Hannah aufzuzählen:

»Ehrenamtliche Mitarbeit in einem Seniorenheim und um meine Kinder habe ich mich auch kümmern müssen. Ist das nicht genug?«

Kopfschüttelnd sah Lea ihre Freundin an.

»Solch ein Leben hätte ich nie führen wollen, aber egal, ich bin dafür fix und fertig und habe abends zu nichts mehr Lust. Außerdem habe ich mir im Laufe der Zeit jede Menge Macken zugelegt. Allein mit einem One-Night-Stand am nächsten Morgen am Frühstückstisch zu sitzen, der vielleicht auch noch erwartet, dass ich ihm das Frühstück zubereite, ist mir schon zu viel. Meistens verabschiede ich sie noch in der Nacht. Umso herrlicher ist dann das Ausschlafen am nächsten Tag, und zwar ohne Mann.«

»Was? Machst du das öfter?«

»Na klar, und so habe ich meinen Spaß, wenn mir danach ist. Ich habe keinerlei Verpflichtungen und kann mein Ego pflegen! Sag ehrlich, würdest du David nicht auch gerne mal in die Hölle oder sonst wo hinschicken?«

»Darüber habe ich noch nie nachgedacht«, antwortete sie leise, aber es klang nicht besonders ehrlich.

Mitleidig sah Lea sie an. Aus dem Wohnzimmer drang der gedämpfte Schlag einer Standuhr zu ihnen herüber. Sie schlug die volle Stunde, neunmal.

Hannah stieß einen spitzen Schrei aus.

»Was, schon so spät? Neun Uhr! Da wird David jetzt richtig sauer sein. Ich muss sofort nach Hause!«

»Langsam, Hannah, du bist doch kein Kind mehr und kannst bleiben, so lange du willst. Wenn du möchtest, kannst du auch gerne bei mir übernachten. Ruf David an und sag ihm, wo du abgeblieben bist. Morgen früh mach ich extra mein berühmtes

Frühstück für dich: Kaffee, Tomatensaft, fantastische Schinkenröllchen in viel Öl gebraten, die auf geschnittenem und geröstetem Weißbrot angerichtet werden.« Genussvoll verdrehte sie ihre Augen und ließ ein lautes Schmatzen hören.

Hannah war bereits aufgestanden und griff nervös nach ihrer Tasche und den Autoschlüsseln.

»Kannst du am Morgen schon so viel essen? David und ich trinken immer nur eine Tasse Kaffee oder Tee und nehmen dann am Vormittag frisches Obst zu uns. Seit Jahren schon.«

»Das hört sich viel zu gesund an. Ich schaufle alles, was mir in die Hände fällt, sinnlos in mich hinein.«

Als sie in Hannahs entsetztes Gesicht sah, meinte sie lachend:

»Nein, du Dummkopf, das war nur ein Scherz. Aber mein Superfrühstück bekommen normalerweise nur Männer, die trotz meiner Grundsätze bis zum Morgen bleiben dürfen. Natürlich müssen sie am Abend vorher schon etwas geleistet haben«, fügte sie noch zweideutig hinzu.

»Geht trotzdem nicht. Tschau Lea, wir sehen uns bald, versprochen?«

»Versprochen!«

Als Hannah zu Hause den Flur betrat, sah sie einen Lichtschimmer durch die nur angelehnte Tür des Wohnzimmers durchblitzen. Sie fühlte sich, als wenn sie etwas Verbotenes getan hätte.

»Guten Abend!« Betont forsch betrat sie den Raum und fröhlich ließ sie sich in den großen, bequemen Sessel fallen.

Als sie keine Antwort erhielt, fragte sie: »Hast du schon gegessen?«

Noch immer kam von David kein Sterbenswörtchen.

»David?«

»Jetzt möchtest du wohl um gut Wetter bitten, was? Aber solch ein Luder wie du es bist, gibt es wirklich kein zweites Mal auf dieser verdammten Welt. Seit Stunden warte ich auf dich, ohne nur die geringste Ahnung zu haben, wo du bist. Tom wollte dich auch besuchen und nun musste ich auch noch zugeben, dass ich keine Ahnung hatte, wo sich seine Mutter herumtrieb! Termin? Da lache ich doch, du hast dich bestimmt mit einem Kerl getroffen!«

Wütend sprang David auf. Hannah war wie vor den Kopf geschlagen. Drohend kam er ihr nun näher und fuchtelte mit dem Zeigefinger vor ihrer Nase herum.

»Eines sage ich dir. Das war das letzte Mal, dass du einfach abhaust, ohne mir eine genaue Nachricht und eine Telefonnummer zu hinterlassen, wo du bist und wann du nach Hause kommst. Ich warne dich ...«

Nun wurde es ihr zu bunt.

»Was fällt dir ein, so mit mir zu sprechen? Erstens kann Tom anrufen, bevor er kommt und zweitens bin ich ein erwachsener Mensch und kann tun und lassen, was ich will, auch ohne dich zu fragen.«

Sie erschrak selber über ihre Courage. Waren das nicht Leas Worte gewesen? Egal, auf jeden Fall war sie im Recht!

»Und wenn du dich beruhigt hast, aber auch nur dann, werde ich dir sagen, wen ich besucht habe.«

Fassungslos starrte David sie mit rot unterlaufenen Augen an. Hatte er sich verhört?

Hannah zündete sich eine Zigarette an und blies den Rauch gegen die Zimmerdecke.

»Und noch etwas, in Zukunft werde ich im Haus auch wieder meine Zigaretten rauchen, ob dir das nun passt oder nicht!«

David stand auf, öffnete die Hausbar und schenkte wortlos zwei Gläser mit Cognac ein. Er reichte ihr eines und setzte sich dann wieder auf die große Couch.

»Oder möchtest du lieber einen Likör?«

»Nein!«

In den vielen Ehejahren hatte sich David bei einem Streit noch nie so verhalten. Er saß jetzt gezwungenermaßen ruhig da, sah sie an und wartete.

»Ich war bei Lea.«

Schweigend nickte David. Sie redete sich so richtig in Fahrt. Erzählte von Leas Leben und wie viel Spaß sie in den paar Stunden miteinander gehabt hatten.

Um die Gunst der Stunde gleich für sich zu nutzen, fügte sie noch fest hinzu: »Für morgen Abend habe ich sie eingeladen und kochen werde ich diesmal selbst! Frau Mendelson gebe ich den ganzen Tag frei. Ach ja, über Frau Mendelson müssen wir uns auch unterhalten.«

Sie erzählte ihm nun auch von dem Gespräch mit ihrer Haushälterin. An diesem Abend sprachen sie noch über viele Dinge, auch über ihre Ehe. Seit vielen Jahren gibt er sich zum ersten Mal nicht so rechthaberisch wie sonst, dachte Hannah verwundert.

Schließlich öffnete er noch eine Flasche seines besten Weines und stieß mit ihr an.

»In all der Zeit habe ich kaum bemerkt, wie schön du noch immer bist!« Er musterte sie eindringlich.

Hannah verschluckte sich, hustete minutenlang und fand keine Worte mehr. Dieser Abend war Balsam für ihre Seele. Ganz gegen ihre Erwartung versprach er ihr, sie könne vorläufig erst zwei, später vielleicht wieder mehrere Tage in der Kanzlei arbeiten. Hannah umarmte ihn stürmisch und hatte das erste Mal seit vielen Jahren wieder ihre Schmetterlinge im Bauch verspürt.

Auch am nächsten Abend hielt die seltsame Verwandlung von David noch an. Er bemühte sich sehr um sie. Sie hatte den Tisch für das Abendessen mit Lea besonders schön gedeckt. Sie stellte ihr Lieblingsgeschirr auf die kostbare Tischdecke und zündete eine Kerze an.

»Das Essen duftet wirklich hervorragend. Hoffentlich weiß das Lea auch zu schätzen«, konnte sich David nicht verkneifen zu sagen.

Endlich kam Hannahs ersehnter Gast. Liebevoll drückten sich die beiden ungleichen Frauen und David lächelte spöttisch, verkniff sich aber eine Bemerkung und sagte stattdessen nur:

»Guten Abend, Lea, ich habe dich ja lange nicht mehr gesehen.«

»Hallo David! Ja, aber das ist sicher nicht meine Schuld«, gab sich Lea schlagfertig.

David verzog das Gesicht, zuckte mit den Achseln und setzte sich an den Tisch.

»Hat sich Hannah nicht besonders viel Mühe gegeben? Sogar mit unserem Silberbesteck speisen wir heute.«

Da Hannah den Raum verlassen hatte, sah er Lea herausfordernd an.

»Ach David, keine Angst, ich klaue keine Messer und Gabeln. Wenn du mir aber nicht traust, kannst du ja, bevor ich gehe, eine Leibesvisitation bei mir durchführen.« Herausfordernd lachte sie ihm ins Gesicht.

Ein abschätzender Blick traf sie. Konnte er es wagen, einen kleinen Flirt heraufzubeschwören? Hannah bereitete in der Küche noch etwas vor und würde somit nichts mitbekommen. Er hatte Lea nie besonders gut leiden können, aber als sie heute so vor ihm stand, in ihrem tollen Kleid mit dem tiefen Ausschnitt, war ihm doch etwas anders geworden. Auch die Haare trug sie jetzt etwas länger und eleganter frisiert. Richtig weiblich sah sie aus. Gar nicht mehr wie eine Emanze, für die er sie immer gehalten hatte.

»Wieso erst, wenn du gehst?« Kaum hatte er zu Ende gesprochen, lag auch schon seine Hand auf ihrem Oberschenkel.

Wie elektrisiert sah ihn Lea mit dunkler werdenden Augen an. Plötzlich bekam er sehr schlecht Luft, nahm die Hand von ihrem Bein, stand auf und öffnete weit das Fenster. Die Kerze flackerte unruhig und kalte Luft drang ins Zimmer.

»Schließ sofort das Fenster. Willst du uns erfrieren lassen«, empörte sich Hannah, die gerade den Raum betreten hatte. Schnell schloss er wortlos das Fenster und setzte sich wieder.

»Hast du mit David wieder einen Streit angefangen, Lea oder du mit ihr, David? Ihr unterhaltet euch ja gar nicht!« Lachend drohte sie mit dem Finger.

»Nein, aber mit dir werde ich gleich streiten, wenn ich dieses köstliche Essen nicht sofort verschlingen kann. Schließlich bin ich dein Gast.«

Die Stimmung wurde am späten Abend richtig ausgelassen. Unzählige Flaschen standen auf dem Wohnzimmertisch, der Aschenbecher quoll über und auch die Gebäckschalen waren geleert. Hannah fand den Abend wunderbar. Sie freute sich, da David trotz seiner Abneigung gegen Lea sehr freundlich zu ihr war und sie sogar zum Tanzen aufforderte. Selbstverständlich mit einem blöden Spruch, den Lea ihm aber nicht übel zu nehmen schien. Hannah nutzte die Gelegenheit, um auf die Toilette zu gehen, und übersah somit die Blicke, die sich David und Lea zuwarfen. Zärtlich ließ David seine Hand auf Leas Rücken auf und ab gleiten, bis sie schließlich auf Leas Po lag. Dann küssten sie sich und fuhren verlegen auseinander, als sie Hannah näher kommen hörten.

»Das war nur der Freundschaft mit Hannah wegen, versteh das bloß nicht falsch«, zischte ihm Lea zu und setzte sich mit angezogenen Beinen auf die Couch.

»Was nicht falsch verstehen?« Hannah hatte gute Ohren und saß nun ihrer Freundin gegenüber. »Habt ihr doch wieder gestritten?«

»Nein, ich habe deinem Mann nur erklärt, dass ich ihm lediglich deshalb einen Tanz geschenkt habe, um unsere frühere Feindschaft zu beenden. Denn aus den Augen lasse ich dich nun nicht mehr und somit werde ich nicht drum herumkommen, deinen lieben Mann öfter zu sehen. Doch vielleicht habe ich auch Glück und es lässt sich vermeiden.«

David warf ihr einen undefinierbaren Blick zu und verabschiedete sich dann bald darauf. Er war wirklich hundemüde, wie er glaubhaft beteuerte.

Als die beiden Freundinnen alleine im Wohnzimmer saßen, bemerkte Hannah froh.

»Ich glaube, ihr mögt euch jetzt, gell?«

»Wieso?«, kam es wie aus der Pistole geschossen von Lea.

»Na, ihr habt euch heute den ganzen Abend nicht gestritten. Das liegt vielleicht daran, dass ihr euch so viele Jahre nicht gesehen habt.«

»Das kann gut sein.«

Eine Stunde später verließ Lea ihre Freundin.

Einige Tage darauf traf sich Hannah mit ihrem Bruder Noah zum Mittagessen. Froh gelaunt erzählte sie ihm von dem Abend mit Lea.

»Stell dir vor, David hat seither nichts mehr gegen den Kontakt, den ich von nun an auch aufrechterhalten werde. Auch werde ich im nächsten Monat wieder in seiner Kanzlei anfangen. Was sagst du dazu?«

»Ich freue mich sehr für dich. Hat der Dummkopf doch endlich bemerkt, welche Superfrau er an dir hat! Aber nun erzähl mir doch mal von den Kindern. Wie geht es ihnen? Tom habe ich schon lange nicht mehr gesehen, aber mit Fabian habe ich mich letzte Woche einmal getroffen, da er mir beim Kauf eines neuen Autos behilflich war.«

Sie erzählte ihm nun das Neueste von ihren Söhnen. Aber immer wieder schweiften ihre Gedanken zu David ab.

»Noah, kannst du das verstehen? Nach so vielen Ehejahren, in denen ich oft einsam und sehr unglücklich war, bin ich wieder so glücklich wie am Anfang, als ich David kennengelernt habe. Er lässt mir seit einiger Zeit wieder mehr Freiräume.«

Erst gegen Abend trennten sich die Geschwister und Noah drückte sie noch ein letztes Mal herzlich an sich. »Ich freue mich für dich, Schwesterherz.«

KAPITEL 9

Als schließlich der Morgen ihres ersten Arbeitstages anbrach, war sie sehr aufgeregt. Endlich saßen sie im Auto. Hannah im eleganten Kostüm. David legte großen Wert auf gepflegte und elegante Kleidung. Auch seine Mitarbeiter hielten sich daran.

Seit einem Jahr gehörte auch Herr Brown, ebenfalls ein exzellenter Anwalt, zu seinem Team. Nun würde sie, Hannah, dieses Team erweitern. Arbeit war genug vorhanden und so freute sie sich schon sehr darauf. Sicher würde sie einige Zeit für die Einarbeitung brauchen, denn sie hatte bestimmt schon vieles vergessen und die neuen Bestimmungen, die kannte sie ebenfalls noch nicht. Aber besonders gefiel ihr, dass sie für Herrn Brown arbeiten würde und nicht für David.

Während der Fahrt ins Büro sprachen sie nicht. Hannah dachte an ihr bisheriges Leben. Bevor ihr erster Mann Robert verstorben war, hatte sie von morgens bis abends geschuftet wie ein Tier. Oft war sie dann sofort nach der Hausarbeit am Abend eingeschlafen. Ihr kam es so vor, als wären seit dieser Zeit mindestens fünfzig Jahre vorbeigerast. Nach Roberts Tod hatte sie sich regelrecht in die Arbeit gestürzt. Dann auf einmal, sozusagen von heute auf morgen, hatte sie das totale Gegenteil: keinen Stress mehr, keine Arbeit, die unbedingt erledigt werden musste – sie hatte einfach Zeit für sich. Das war nicht immer einfach gewesen.

Die erste Zeit dachte sie entweder ständig über ihre zweite Ehe nach und rekonstruierte auch die Zeit mit ihrem ersten Mann, oder sie langweilte sich fürchterlich und konnte einfach nichts mit sich anfangen. Demzufolge wurde sie tageweise depressiv und lustlos. Nur durch ihre Kinder hatte ihr Leben wieder einen Sinn bekommen.

Doch nun Schluss damit! Mit ihrem ersten Arbeitstag begann wieder ein neuer Lebensabschnitt! Wie wahr, denn nach wenigen Wochen bemerkte David dunkle Augenringe an ihr und auch ihre Gesichtsfarbe war blasser als sonst. Sie fühlte sich nicht gut und war froh, dass David den Abend außer Haus verbringen würde.

»Hannah, ist dir nicht gut? Möchtest du Tom fragen, was dir fehlen könnte?«

»Nein, ich habe mich wahrscheinlich nur erkältet.«

David bedrängte sie nicht weiter mit Fragen und wurde bald darauf von Tom, ihrem Ältesten, abgeholt.

»Grüß dich, Mama, und tschüss, wir gehen.«

Er küsste seine Mutter kurz auf die Wange und verließ mit seinem Vater das Haus. Beide wollten sich einen Diavortrag über Australien ansehen. Hannah war froh, an diesem Abend alleine zu sein.

David kam in dieser Nacht erst sehr spät zurück. Sie erwachte, als er unter die Bettdecke schlüpfte. Ein Blick auf den Wecker: vier Uhr sechsundzwanzig. Genüsslich drehte sie sich um und schlief sofort wieder ein. Da sie ihre Arbeitstage für diese Woche bereits hinter sich hatte, selbstverständlich mit Überstunden, hatte sie die kommenden Tage frei.

Nach einem ausgiebigen Frühstück, David hatte das Haus bereits verlassen, fiel ihr sein spätes Nachhausekommen wieder ein. Gewiss hat er mit Tom noch ein oder zwei Bier getrunken und sie haben dabei einfach die Zeit vergessen, dachte sie. Als das Telefon klingelte, nahm sie gut gelaunt den Hörer ab und meldete sich. Es war ihr Friseur. Leider könne er ihren Termin nicht einhalten, da zwei seiner Angestellten krank geworden waren.

»Schade«, sagte sie. »Aber kein Problem, komme ich eben nächste Woche, aber dann bestimmt.«

Jetzt hatte sie den ganzen Tag Zeit. Da Lea diese Woche Urlaub hatte, würde sie etwas mit ihr unternehmen, nahm sich Hannah vor. Vorausgesetzt, Lea hatte Zeit. Sie zündete sich eine Zigarette an, lümmelte sich auf die Couch und griff nach ihrem Telefon. Wenn Lea doch endlich ranginge! Sie wollte gerade auflegen, als sie Leas Stimme hörte.

»Hallo, wer ist dran?«

»Hier spricht Hannah.«

»Hör auf, haha, haha, hallo, wer ist bitte dran?«, kicherte es aus dem Hörer.

Hannah konnte sie nur schlecht verstehen, da Lea vor Lachen kaum ein Wort herausbrachte. Endlich war Lea deutlich zu hören.

»Ach, du bist es. Kann ich dich später zurückrufen?« Sie kicherte unterdrückt und albern.

»Natürlich, Lea, du hast Besuch, deinem Gelächter nach zu urteilen.«

Lea bejahte zögernd und beendete schnell das Gespräch.

Ein klein wenig neidisch war Hannah schon. Lea hatte am helllichten Tag einen Lover und sie?

Am besten rief sie David an, um mit ihm am Abend in ein Restaurant zu gehen. Dann käme sie vielleicht auch auf andere Gedanken. Und wer weiß, vielleicht konnte sie auf diese Weise sogar ihre Ehe etwas aufpeppen!

Ein Versuch war es allemal wert. In der Kanzlei meldete sich Herr Brown, ihr Chef.

»Hier Kerner! Schönen guten Tag Herr Brown, würden Sie mir bitte meinen Mann geben?«

»Jetzt hätte ich Sie am Telefon beinahe nicht erkannt. Guten Tag Frau Kerner! Es tut mir leid, Ihr Mann ist heute schon nach Hause gefahren, da ihm nicht gut war.«

Hannah wunderte sich sehr, da David so gut wie nie krank war. Auch hatte er sie nicht angerufen! Außerdem hätte sie ihn ja von der Kanzlei abholen können. Beunruhigt lief sie in der Wohnung auf und ab.

Als David zwei Stunden später immer noch nicht erschienen war, rief sie abermals in der Kanzlei an. Doch da gab es auch nichts Neues.

»Vielleicht geht's ihm schon wieder besser und er ist zu einem Klienten gefahren. Machen Sie sich keine Sorgen, Frau Kerner. Ihr Mann weiß, was er tut«, beruhigte ihre Kollegin sie.

Obwohl er es nicht mochte, versuchte sie David über sein Handy zu erreichen. Doch ohne Erfolg. Es meldete sich nur die Mailbox. Daraufhin rief sie ihren jüngsten Sohn an, doch Fabian war kurz angebunden.

»Mama! Papa arbeitet bestimmt schon wieder. Wegen eines Unwohlseins kommt der doch nicht nach Hause und legt sich ins Bett. Ich muss Schluss machen, wir haben heute sehr viel Arbeit. Bis bald! Und – mach dir keine Sorgen ...« Aufgelegt. Fabian hatte das Telefonat beendet.

Schließlich rief sie Tom in seiner Praxis an, vielleicht konnte er ihr weiterhelfen. Nicht sehr erfreut, dass sie ihn während der Arbeit störte, gab er nur widerwillig Auskunft.

»Du kennst doch Papa. Gestern waren wir noch keine ganze Stunde bei diesem Diavortrag, als er schon wieder nach Hause fuhr. Ihm war nicht gut, wahrscheinlich eine Magenverstimmung«, vermutete er.

Doch an diesem vorherigen Abend war David erst sehr spät nach Hause gekommen, um nicht zu sagen, in den frühen Morgenstunden. Nun war sie alarmiert, da stimmte etwas nicht und sie würde es herausbekommen!

Hannah hatte im Wohnzimmer den Fernseher eingeschaltet, doch ihre Gedanken wanderten immer wieder zu ihrem Mann. Den ganzen Tag war sie unruhig gewesen. Als sie endlich sein Auto hörte, öffnete sie die Haustür, noch bevor David die Garage geschlossen hatte.

»Du bist noch auf?«, kam es erstaunt und eine Spur unfreundlich.

»Ja, erst mal guten Abend!«

Seufzend betrat er das Haus, entledigte sich seines Sakkos, angelte seine Krawatte aus der Seitentasche und legte sie zerknüllt auf den schwarzen Aktenkoffer, den er neben dem Telefon platzierte. Ein kurzes Lächeln und schon schob er sich an ihr vorbei und ging geradewegs ins Schlafzimmer.

»David?«

»Tut mir leid, ich bin wirklich hundemüde«, kam es genervt von ihrem Gatten.

Schnell zog er sich seinen Pyjama an und ging ins Bad.

Wütend lehnte Hannah am Türrahmen und fragte mit schneidender Stimme: »David, was verheimlichst du mir?«

»Wieso verheimlichen?«

»Ich habe heute in der Kanzlei angerufen, dort warst du nicht. Herr Brown sagte, du wärst auf dem Weg nach Hause, da es dir nicht gut ging. Und über das Handy konnte ich dich auch nicht erreichen. Mit Tom warst du gestern auch nur kurz bei diesem Diavortrag …«

»Ach so, ja, mir ging es an der frischen Luft wieder besser und so bin ich zu einem Klienten gefahren. Ja und gestern Abend, da bin ich noch mal in die Kanzlei gefahren.« Er seufzte.

Hatte er etwas verlegen gewirkt? Als er sich nun aber aufrichtete, war keine Spur mehr davon zu sehen.

»Jetzt lass mich bitte ins Bett gehen, wir sprechen morgen weiter.«

Es blieb ihr nichts anderes übrig, als auch zu Bett zu gehen. Er hatte in der letzten Zeit zu viel gearbeitet und nun war es ihm vielleicht peinlich, nicht mehr ganz so belastbar zu sein wie früher, beruhigte sie sich. Schließlich wurde auch er älter! Er war kein junger Mann mehr und hatte hier und da seine Zipperlein, was er natürlich nie zugeben würde! Aber war er gestern wirklich noch mal in der Kanzlei gewesen?

Zu einer Aussprache kam es auch am nächsten Tag nicht. David konnte es so einrichten, dass dafür einfach keine Zeit war.

In den nächsten Monaten änderte sich nicht viel. David arbeitete mehr als bisher und auch sie arbeitete mittlerweile an vier Tagen in der Woche. Die Sekretärin von Herrn Brown hatte gekündigt und so hatte sie all diese Arbeiten übernommen. Es gefiel ihr sehr gut, mit diesem ruhigen, ausgeglichenen Mann zusammenzuarbeiten. Zu Hannahs großer Verwunderung hatte David ohne Diskussionen zugestimmt, als sie darauf bestand, wieder mehr Zeit in der Kanzlei zu verbringen. Scherzhaft hatte er nur eine Bedingung gestellt.

»Fang mir aber ja nichts mit dem Brown, unserem Frauenschwarm, an. Ich warne dich!«

Entrüstet und verlegen hatte sie abgewehrt. Da sie, wie ihre Kolleginnen auch, Überstunden machte, sahen David und Hannah sich nicht mehr so oft. In der Kanzlei hatte sie ein eigenes Büro und begleitete Herrn Brown auch zu Klienten oder Gerichtsterminen. An den Wochenenden kam es nun häufiger vor, dass David noch Klienten aufsuchte. Sie genoss die ruhigen Stunden und ließ dann ihre Seele baumeln.

Leider hatte sie zu Lea nicht mehr so viel Kontakt, da diese einen neuen Lover hatte, der sie sehr in Anspruch nahm. Bei einem der wenigen Telefongespräche, die sie an einem Sonntagmorgen führten, vertraute ihr die Freundin, auf Hannahs drängende Nachfragen hin, zögernd mit:

»Ich habe schon länger ein Verhältnis mit einem verheirateten Mann und da habe selbst ich Gewissensbisse. Aber er ist wirklich ein toller Mann. Unzählige Male hat er von mir schon mein Superfrühstück erhalten, und das mag etwas heißen!«

»Aber Lea, gehst du da nicht etwas zu weit? Einfach in eine Ehe einbrechen?«

Ärgerlich wollte Lea wissen: »Kann man in eine intakte Ehe einbrechen?«

Dann fügte sie noch fast entschuldigend hinzu: »Das werde ich jetzt bald beenden. Das geht vorbei, du kennst mich doch. Lange halte ich es mit einem Mann auch nicht aus …«

Hannah dachte an ihre eigene Ehe.

»Nein, du hast recht. In eine glückliche Ehe kann sich keine andere Frau drängen. Doch nun etwas anderes, hast du heute Nachmittag Zeit? Es wäre toll, wenn wir uns mal wieder treffen könnten. David ist wieder mal unterwegs, wie so häufig in letzter Zeit.«

»Tut mir leid, aber geht's bei dir auch später am Abend? Am Nachmittag habe ich nämlich schon etwas vor. Meine Tante, sie ist schon alt … Du verstehst?«

»Schade, ich dachte nur, da David heute Nachmittag einen Termin hat und erst gegen Abend wieder zurückkommt, wäre es ideal. Doch den Abend muss ich mit ihm verbringen, sonst wird er ärgerlich.«

»Bist du dir da sicher? Aber gut, lassen wir das – ich ruf dich wieder an.«

Eine Sekunde später hörte Hannah, wie der Hörer aufgelegt wurde. Lea wird langsam wunderlich, dachte sie. Ihre freche Schnauze wetzte sie in der letzten Zeit überhaupt nicht mehr und am Telefon wirkte sie immer etwas gestresst. So war es eben mit den Leuten, die lange Jahre alleine lebten, fand Hannah. Richtige Macken bekamen sie und sie hatten auch verlernt, auf andere zuzugehen oder sich mit den Mitmenschen zu arrangieren. Selbstsüchtig und ichbezogen! Jawohl, selbstsüchtig!

Wie Hannah erfahren hatte, war ein Enkelkind unterwegs. Tom und Julia bekamen Nachwuchs. Sie freute sich. David plante, alle zum Italiener einzuladen, um das bevorstehende Ereignis gebührend zu feiern.

»Das ist eine tolle Idee. Es wäre auch die Gelegenheit, Lea wieder einmal einzuladen. Ich habe sie in diesem Jahr kaum gesehen. Gleich heute Abend werde ich sie noch anrufen. Was meinst du?«

»Nein! Also ich meine, die Idee ist nicht so gut.« David räusperte sich geräuschvoll. »Ich möchte eigentlich nur die Familie um mich haben und Lea gehört wirklich nicht dazu.«

»Aber mir ist sie wichtig. Und ich möchte wieder mehr Kontakt zu ihr«, redete Hannah sich regelrecht in Rage.

Doch David blieb stur. Um den geplanten Abend nicht zu zerstören, gab Hannah schließlich nach. Eine Woche darauf trafen sich alle im Restaurant, ohne Lea.

Sechs Monate später erblickte dann Marie, ein kleines niedliches Mädchen, das Licht der Welt. David war selig. Aber auch Hannah war von ihrem Enkelkind hingerissen. Doch trotz der Freude kam es immer wieder zu unschönen Szenen.

»Mama! Danke, aber wir brauchen keine Ratschläge. Zu deiner Zeit machte man das halt ganz anders. Heutzutage geben die jungen Mütter ihren Babys ...«

Hannah hörte nur noch mit halbem Ohr hin und zog sich zurück.

Eines Tages erwartete sie eine böse Überraschung. David stand mit einem Glas Wodka im Wohnzimmer und sah betreten aus dem Fenster. Langsam drehte er sich zu ihr um und sagte mit fast tonloser Stimme: »Henry, Herr Brown, hatte einen Autounfall! Tödlich!«

Sie spürte einen stechenden Schmerz in der Brustgegend. Sofort dachte sie an ihren ersten Mann Robert. Robert! Auch er war bei einem Autounfall ums Leben gekommen. Sie sank in einen Sessel und kämpfte mit den Tränen. Währenddessen schilderte David die Einzelheiten. Endlich hatte sie sich wieder etwas gefangen. Es war schließlich kein enges Familienmitglied, das verstorben war. Aber sie trauerte tief und ehrlichen Herzens um ihren Chef.

Musste das Schicksal immer so ungerecht sein? Schon einmal hatte ein Autounfall mit tödlichem Ausgang ihr Leben verändert. Würde es dieses Mal ebenso sein? Ihre wiedergewonnene Freiheit, würde sie nun schon bald der Vergangenheit angehören?

Die Beerdigung war sehr schmerzvoll, hatte sie diesen netten Mann doch richtig ins Herz geschlossen. Seine Familie tat ihr furchtbar leid. Ihre Vorahnung hatte sie nicht getäuscht. Auch in ihr Leben brachte dieses traurige Ereignis Veränderungen. David hatte nicht vor, einen neuen Kollegen einzustellen.

»Und was wird aus mir? Werde ich nun wieder für dich arbeiten? Doch was machst du dann mit deiner jetzigen Sekretärin?«

»Was denkst du dir? Ich kann doch Frau Hitschmann nicht entlassen, nachdem sie so viele Jahre für mich gearbeitet hat. Bei dir ist das kein Problem, du kannst ja wieder zu Hause bleiben. Außerdem könntest du ja wieder ehrenamtlich in einem Altersheim tätig werden«, fügte er noch mit einem Achselzucken hinzu.

Nein, das wollte sie auf keinen Fall. Sie hatte diese Arbeit einige Jahre gemacht, aber mit zu viel Anteilnahme. Ihr taten die älteren Leute immer furchtbar leid und sie konnte nicht in der Weise helfen, in der sie es gerne getan hätte. Und ihre wiedergewonnene Freiheit wollte sie auf keinen Fall mehr aufgeben.

Demzufolge bewarb sie sich heimlich bei anderen Kanzleien, bekam aber immer wieder zu hören, dass sie doch schon etwas älter sei, natürlich nicht alt, aber ins Vorzimmer wolle man doch lieber eine junge Frau. Selbst ihre Kenntnisse und die Erfahrung zählten auf einmal nicht mehr. Zu viele Bewerberinnen und, noch dazu, die meisten viel jünger als sie.

So hatte sie wieder viel freie Zeit und versuchte, sie so gut wie nur möglich auszufüllen, um nicht wieder in Depressionen zu verfallen. Sie belegte sogar einen fünftägigen Englisch-Fortbildungskurs und schrieb sich für das neue Semester in Französisch für Anfänger ein, den sie jedoch nie besuchte, denn das Leben hatte anderes mit ihr vor.

Schon seit längerer Zeit hatte sich David von ihr zurückgezogen. In seinen Arbeitsalltag bezog er sie nicht mit ein und ein Liebesleben hatten sie nur noch sporadisch. Die Leidenschaft war ziemlich abgekühlt. Gemeinsamkeiten gab es ebenfalls so gut wie keine mehr, wenn man von ihrem Zusammenleben einmal absah. Doch sie hatte sich daran gewöhnt, so wie man sich an fast alles gewöhnen kann.

Äußerlich machte er noch sehr viel her, dachte sich Hannah oft, wenn sie ihren Mann musterte, der stets wie aus dem Ei gepellt vor ihr stand. Selbst in seinem doch schon etwas reiferen Alter bestand er darauf, modisch immer auf der Höhe zu sein. Jahrelang hatte er ausschließlich Anzüge und Krawatten getragen, selbst zu Hause hatte er sich kaum von seinen eleganten Hemden trennen können.

Erst vor einigen Monaten war es Hannah aufgefallen, dass sich in letzter Zeit immer mehr Sweatshirts und Pullover in seine Garderobe eingeschlichen hatten. Doch selbstverständlich – alles sportlich-elegant.

»Diese Kleidungsstücke werde ich nur so ab und zu in meiner Freizeit tragen. Am wohlsten fühle ich mich in meinen Hemden, du kennst mich ja«, hatte er hinzugefügt.

Sehr erstaunt war sie dann gewesen, als er an einem Samstag im Sweatshirt und einer neuen Jeans zum Mittagessen erschien.

»Hast du keine frischen Hemden mehr? Das gibt es doch gar nicht! Möchtest du so zu Tom fahren?«

»Was soll das?«, kam es da nun ruppig, aber etwas verlegen hinter der großen Zeitung hervor. »Ich bin doch heute mit ein paar ehemaligen Schulkollegen verabredet, soll ich da etwa im Anzug erscheinen?«

Die Kleiderfrage überging sie einfach: »Wieso heute? Wir wollten doch bei den Kindern vorbeischauen.«

»Tut mir leid, habe ich total vergessen. Aber du kannst auch alleine fahren, oder?«

Ärgerlich nickte sie und nahm sich insgeheim vor, ihre Freundin Lea anzurufen, um sich mit ihr zu treffen. Hoffentlich hatte sie Zeit. Bei ihrem Sohn und seiner Familie würde sie nur zum Kaffee bleiben und sich bald verabschieden.

Doch als sie später mit Lea sprach, lehnte diese ab, da sie sich nicht wohlfühlte. So fuhr Hannah an diesem Nachmittag zu Tom, blieb aber nicht lange. Sie wollte nach Hause.

David traf sich mit seinen Schulkollegen. Und bereits am frühen Abend rief er Hannah an und teilte ihr mit, dass er in dem Gasthof übernachten würde. Er hatte einen besonders guten Freund getroffen und sie würden in alten Erinnerungen schwelgen. Für die Heimfahrt mit dem Auto wäre er dann später sicher zu müde. Und schließlich wollte er mit seinem Kameraden auch noch das eine oder andere Bier trinken, an eine Heimfahrt wäre dann nicht mehr zu denken. Das kam Hannah nun doch etwas seltsam vor und sie nahm sich vor, dass sie mit David ein ernstes Gespräch führen würde. Sobald wie möglich!

KAPITEL 10

Anlässlich eines großen Abschlusses, bei der eine Streitsache zugunsten eines prominenten Klienten ausgefallen war, wurden David und Hannah zu einer Party eingeladen. Nachdem ihr Mann in den letzten Monaten sehr viel alleine außer Haus gewesen war, wollte er Hannah eine Freude bereiten und bat sie, ihn zu begleiten.

Hannah hatte sich an diesem Abend besonders hübsch gemacht. Sie trug ein hübsches schwarzes Kleid, das einen raffinierten Ausschnitt besaß. Bewundernd betrachtete David sie, als sie das Auto erreichte.

»Also wirklich, von Weitem gehst du noch als junge Frau durch!«

Hannah ärgerte sich fürchterlich über diese Bemerkung und beschloss, es ihrem Mann auf der Party heimzuzahlen. Ein männliches Opfer würde sie schon finden, mit dem sie flirten konnte. Sollte sich David doch schwarz ärgern! So schluckte sie diese dumme Bemerkung einfach kommentarlos hinunter.

Ihre gute Laune gewann wieder Oberhand, als sie ihr Ziel erreichten. Sie ahnte nicht, dass dies die letzte Autofahrt mit ihrem Mann sein sollte.

Vom Gastgeber wurde sie galant mit einem Handkuss begrüßt und auch mit Komplimenten geizte er nicht. Das ging Hannah runter wie Öl.

Nach einem Aperitif wurde ihnen ein Fünf-Gänge-Menü serviert, das sich sehen lassen konnte. Ungezwungen wurde geplaudert und gelacht. Die wenigsten der geladenen Gäste kannten Hannah und so stand sie im Mittelpunkt des Abends. Aufgeschlossen sprach Hannah mit den anderen Gästen und amüsierte sich prächtig.

»Wer hätte gedacht, dass eine Party so amüsant sein kann, und das bei so vielen fremden Leuten«, flüsterte Hannah ihrem Mann ins Ohr.

Er verzog ein wenig sein Gesicht und prostete dann in der Ferne einer jungen Dame mit grellrotem Haar zu.

»Fräulein Downburgh«, erklärte er Hannah. »Sie ist der schrillste Vogel, den ich kenne, außerdem pfeift sie auf die ganze feine Gesellschaft.«

Jetzt zwinkerte David ihr auch noch zu und das in ihrer Gegenwart!

»Bewundernswert, wirklich bewundernswert!

Ist sie eine Schlampe?«, fragte Hannah scharf und lächelte ihn dabei freundlich an. Immer das Gesicht wahren, das waren doch stets Davids Worte.

Für diese Bemerkung wurde sie mit einem strafenden Blick ihres Gatten bedacht.

Weit nach Mitternacht, viele der Gäste waren bereits auf dem Heimweg, belagerte nur noch der harte Kern, wie der Gastgeber sich ausdrückte, den gastlichen Ort. David bestritt mit zwei anderen Herren fast die ganze Unterhaltung. Die Frauen, die sich, wie Hannah auch, dem Fahrdienst verschrieben hatten, saßen nüchtern und schon etwas müde auf dem Sofa oder auf den bequemen Stühlen und hielten sich mit Mineralwasser und Säften wach. Hannah würde morgen ausschlafen können. Seit Frau Mendelson nicht mehr bei ihnen arbeitete, hatten sie nur noch ein Hausmädchen, das an vier Tagen in der Woche kam. Und sie hatte morgen frei. Hannah würde sich einen gemütlichen Tag machen, das nahm sie sich fest vor.

Hannah suchte Blickkontakt zu David. Sie wollte endlich nach Hause. David lächelte und nickte leicht.

Mist! Nun kam auch noch Isabelle, die Frau des Gastgebers, mit kleinen Häppchen! So schnell würde David nun nicht mehr zu bewegen sein, dachte sie sich, als er sich gleich zwei der appetitlich aussehenden Häppchen von der Platte nahm.

»Der Schinken, Isabelle, ist ein Gedicht – so zart.« Genießerisch leckte er sich über die Lippen.

Hannah nahm aus Höflichkeit ebenfalls eines der Schnitten und bedankte sich, als sie plötzlich das Wort Schinkenröllchen vernahm. Sie verschluckte sich fast.

»Ja«, lachte David, »ich habe es selbst nicht glauben können. Schinkenröllchen in Öl, auf geröstetem Weißbrot, dazu Kaffee und Tomatensaft. Ich sage euch, fürchterlich! Doch ich hätte das nie gedacht – heute schmeckt es mir sogar. Der Mensch ist ein Gewohnheitstier.«

Großes Gelächter erklang und David sonnte sich in der Aufmerksamkeit, die ihm alle entgegenbrachten.

»So etwas habe ich ja noch nie gehört. Könnte es sich um ein amerikanisches Frühstück gehandelt haben?«, kam es wichtigtuerisch von Dr. Madler.

Ein weiterer Gast mischte sich mit erhobenem Zeigefinger ein: »Nun sag mal ehrlich, David, du bist doch hoffentlich nicht in einem der billigen amerikanischen Motels abgestiegen?«

Selbstgefällig warf David einen Blick in die Runde, hielt aber inne, als er Hannah sah, die ihn mit großen, erstaunten Augen ansah.

»Äh, nein, das heißt, eigentlich war es in einem ganz normalen Hotel, sehr – nein nicht billig, äh, und sehr abseits von der Straße«, stotterte David.

Sein alkoholumnebeltes Hirn arbeitete fieberhaft; Hannah konnte es direkt sehen.

David und Hannahs Blicke trafen sich erneut.

»Verfluchter Mist, wie komme ich aus der Nummer jetzt nur wieder raus?«, dachte David, fuhr sich mit den Fingern über die Stirn, durch seine Haare und stand auf. Irgendetwas würde ihm schon einfallen, das er Hannah erzählen konnte.

»Ich denke, wir fahren jetzt nach Hause. Was meinst du, Schatz?«, fragte er Richtung Hannah.

Doch Hannah hatte sich bereits erhoben und war auf dem Weg nach draußen. Sie bedankte sich kurz bei den Gastgebern und verließ den Raum, ohne sich nach David umzusehen. Im Vorbeigehen nahm sie ihre Jacke von der Garderobe und ging schnellen Schrittes zum Auto. Sie saß bereits hinter dem Steuer und schnallte sich an, als sie einen Schatten neben dem Auto sah. Kurzerhand gab sie Gas. Wie gut, dass sie bereits den Autoschlüssel an sich genommen hatte. Wütend hörte sie noch Davids lautes Fluchen und dann war bis auf das Summen des Motors nur noch ihr Schluchzen zu hören.

Später konnte sie sich nicht daran erinnern, wie sie nach Hause gekommen war. Ihre Welt war in kürzester Zeit zusammengebrochen. Aus dem Medizinschrank entnahm sie zwei Schlaftabletten, schloss sich im Schlafzimmer ein und ging sofort zu Bett. Am nächsten Morgen erwachte sie mit fürchterlichen Kopfschmerzen. Sie schluckte ein Aspirin und stellte den Kaffeeautomaten an. Von David keine Spur. Zum Glück!

Nach dem Frühstück ging es ihr etwas besser. Sie hatte eine Stinkwut auf David und nicht zuletzt auf Lea. Ausgerechnet sie mit ihrem blöden Geschwafel, dachte Hannah, und nun hat sie auch noch eine Affäre mit meinem Mann. Hatte sie nicht vor Kurzem erzählt, ihr neuer Freund sei verheiratet? Und darum auch die spärlichen Auskünfte über den neuen Liebhaber. Sonst konnte sie es kaum erwarten, Hannah alles brühwarm zu erzählen. Und sie hatte sich schon gewundert ...

Voller Empörung wischte sie mit dem Arm über den Tisch. Mit einem lauten Krach fiel alles Geschirr zu Boden und zerbrach. Genauso wie ihre Ehe. Aus und vorbei, nicht mehr zu kitten! Zu viel hatte sie in all den Jahren mitgemacht und zu viele Demütigungen einstecken müssen. So gut wie jeder hatte sie um ihr Leben an Davids Seite beneidet. Ausschließlich ihre beiden Söhne ahnten annähernd, welchen Preis sie dafür bezahlt hatte. Immer mehr hatte sie sich ein Stück aufgeben müssen, immer zurückstecken, um den Wünschen ihres Mannes gerecht zu werden.

Da waren auch noch ihre Söhne gewesen, die dann den Rest von ihr aufgezehrt hatten, besonders seit sie erwachsen geworden waren. Und nun stand sie – als eine Frau in den besten Jahren, vor den Scherben ihrer Ehe.

Zuerst würde sie Lea anrufen. Gesagt, getan und wirklich, Lea meldete sich sofort.

»Du falsches Miststück! Einfach ein Verhältnis mit David anzufangen und mir gleichzeitig derart dreist ins Gesicht zu lügen! Schämst du dich denn nicht! Hast du etwa geglaubt, dass ich nie dahinterkommen würde? Für wie blöd hältst du mich? Mit dir bin ich fertig, jetzt kannst du ihn ganz haben!«

»Moment, ich bin schließlich nicht alleine schuld ...«

Doch Hannah hörte nicht mehr zu, sondern legte wutentbrannt auf. Dann packte sie die nötigsten Dinge in ihre Reisetasche und fuhr zu ihren Eltern. Wohin sonst hätte sie sonst fahren können? Mit ihren Söhnen und Schwiegertöchtern wollte sie nicht unter einem Dach leben und Noah, ihr Bruder, war derzeit auf einem Schiff unterwegs. Er hatte wieder eine neue Flamme, die ihn zu der Reise eingeladen hatte.

Ihre Eltern staunten nicht schlecht, als ihre Tochter mit einer Reisetasche vor ihrer Tür stand. Voller Selbstmitleid erzählte sie von Davids Vertrauensbruch.

Kaum hatte sie ihr altes Zimmer wieder bezogen, das als Gästezimmer fungierte, als ihre Mutter sie ans Telefon rief: »Kind, David möchte dich sprechen!«

»Nein, ich habe dir doch gesagt, dass ich auf keinen Fall mit ihm sprechen werde!«

»Nun sei doch nicht so. Lass ihn doch erklären.«

»Was kann David mir schon erklären? Er hat mich mit meiner besten Freundin betrogen, und das über längere Zeit. Ich will ihn nicht mehr sehen – er kann mich mal!«

Sie hörte noch, wie ihre Mutter mit David sprach:

»Sicher kommt alles wieder in Ordnung. Sie ist jetzt nur aufgeregt. Ruf doch morgen noch einmal an.«

Wütend polterte Hannah zu ihren Eltern ins Wohnzimmer.

»Nein!«, rief sie aufgebracht. »Nicht heute und auch nicht morgen! Es ist aus, ich will nicht mehr. Ich werde mich von ihm trennen!«

Geduldig bat ihr Vater sie, sich zu setzen.

»Hannah, bitte höre mir jetzt gut zu. Was ich dir jetzt sagen möchte, fällt mir nicht leicht. Auch deine Mutter und ich hatten einmal, nun ja, eine fast ähnliche Krise.« Dunkelrot im Gesicht und sehr verlegen, kratzte er sich umständlich den Bart. »Und damals hat sie mir verziehen, gell, Mutter.«

Ihre Mutter nickte, sah aber, ebenfalls mit rotem Gesicht, zu Boden. Im Zimmer herrschte eine peinliche Stille. Hannah saß wie vom Blitz getroffen in ihrem Sessel. Niemals hätte sie gedacht, dass etwas in der Ehe ihrer Eltern nicht schnurgerade gelaufen sein könnte.

»Papa, Mama, ich kann dazu nichts sagen. Außerdem hatte ich keine Ahnung, dass ihr Probleme hattet. Aber ich werde David auf jeden Fall verlassen. Sein Seitensprung wird nicht der erste gewesen sein, denke ich mir. Im Nachhinein fallen mir einige Situationen ein, die dafür sprechen. Außerdem reicht es mir jetzt wirklich!«

Die beiden alten Leute sahen sie nur stumm an und schüttelten die Köpfe. Ihre Tochter war wirklich unvernünftig, fanden sie.

In den nächsten Tagen versuchten David und ihre Söhne, sie zu erreichen. Da sie sich aber weigerte, ans Telefon zu gehen, kamen Tom und Fabian zu ihr, um mit ihr zu sprechen. Ihre Eltern verließen taktvoll den Raum und so stand Hannah mit ihren Söhnen alleine im Wohnzimmer.

»Setzt euch.«

Gehorsam setzten sie sich und blickten erwartungsvoll auf ihre Mutter. Tom, ihr Ältester, begann schließlich zu sprechen.

»Mama, wir haben mit Papa gesprochen. Ihm tut es leid. Wenn du vernünftig bist und zu ihm zurückkommst, beendet er sofort das Verhältnis. Überleg es dir bitte, Mama.«

»Wenn ich vernünftig bin, dann beendet er sein Verhältnis?« Hannah kreischte fast. »Was heißt denn hier vernünftig? Euer Vater betrügt mich nach Strich und Faden, und das schon seit längerer Zeit, und ihr kommt mir mit so einem Vorschlag daher. Das ist ja der Gipfel. Könnte sich vielleicht mal jemand in mich hineinversetzen?«

»Gib Papa noch eine Chance. Versuch es doch noch einmal. Bitte!« Fabian sah sie flehend an.

»Für wen soll ich es versuchen? Vielleicht für euch oder für euren Vater? Nein, von jetzt an zähle nur noch ich. Fast mein ganzes Leben habe ich mich immer nach eurem Vater und nach euch gerichtet, und nun ist einfach Schluss damit! Ich will nicht mehr! Und ich kann auch nicht mehr!«

Betroffen standen Tom und Fabian auf.

»Überlegst du es dir noch mal?«

»Nein!«

Ein kurzer Abschiedsgruß und beide waren gegangen.

Einige Tage überdachte Hannah noch ihre wenigen Forderungen, die sie an David stellen wollte, dann traf sie sich mit ihm – zu Hause.

Als sie ihre ehemalige Haustür aufschloss, überkam sie ein eigenartiges Gefühl. Viele Jahre hatte sie in dem Haus verbracht, und doch kam sie sich nun vor wie eine Fremde. Im Haus war es still. Keine Haushälterin oder Putzhilfe, die herumwuselten und David schien auch noch nicht da zu sein. Um die Zeit zu nutzen und noch einige Kleidungsstücke mitzunehmen, betrat sie das Schlafzimmer. Plötzlich stieg in ihr eine unkontrollierte Wut auf. Voller Selbstmitleid hatte sie die letzte Zeit mehr schlecht als recht hinter sich gebracht, kaum eine Nacht durchschlafen können, und ihr lieber Herr Gemahl hatte sich weiter mit ihrer Freundin vergnügt! Das war wirklich unglaublich, sie kam sich vor wie in einem schlechten Film. Später konnte sie sich den Lauf der Dinge nicht mehr erklären. Sie verlor ganz einfach die Kontrolle über sich.

Mit Wucht öffnete sie das Schlafzimmerfenster. Es krachte gegen die Wand, dass es nur so knallte. Dann begann sie Davids Kleidungsstücke aus dem Fenster zu schleudern. Die Arme voll mit Hosen, Hemden und Jacketts, rannte sie mehrmals zum Fenster und ließ alles in den Garten fallen. So, jetzt die Krawatten! Fast erheitert sah sie, wie diese kurz in der Luft zu schweben schienen, bevor sie auf den Rasen niederfielen.

»Um Gottes willen, bist du verrückt geworden?« David lief auf sie zu und hielt sie an den Armen fest. Sie hatte sich gerade von einem weiteren Stapel Hemden befreien wollen, als sie Davids wütende Stimme hörte, und er sie fast gleichzeitig an den Armen packte. Sie drehte sich um und sah ihn mit hasserfüllten Augen an.

»Nimm sofort deine schmutzigen Pfoten von mir«, schrie sie ihn an.

Voller Selbstbeherrschung fing David an, beruhigend auf Hannah einzureden.

»Ist ja gut, lass uns darüber reden.«

»Nein, nichts ist gut und du wirst sofort deine Sachen packen und verschwinden, sonst schmeiße ich alles aus dem Fenster.«

Hannah trommelte dazu unterstützend mit den Fäusten auf den Wäscheschrank. »Außerdem werde ich sonst alle deine geliebten Möbel kaputt schlagen!«

Hannah tobte wie eine Irre, so hatte er seine Frau noch nie erlebt. Das war erschreckend für ihn. Aber David war einerseits auch sehr wütend, andererseits sah er ein, dass mit Hannah jetzt nicht zu reden war. Sie musste sich erst beruhigen. Er fand es wirklich besser, erst einmal zu verschwinden. Wortlos zog er seine Reisetasche vom Schrank.

Mit Genugtuung beobachtete sie ihn. Langsam beruhigte sie sich wieder.

»Wie schön für dich – jetzt kannst du ganz offiziell zu Lea ziehen. Vorübergehend werde *ich* hier nämlich wieder einziehen. Sag ihr schöne Grüße von mir, sie kann dich haben. Ich brauche dich nicht mehr!«

»So, du brauchst mich nicht mehr ...« Auch David konnte jetzt nicht mehr an sich halten.

Viele Dinge hielt er ihr nun vor. Situationen, die schon längst verjährt waren, wärmte er wieder auf. Auch hätte sie ihm, sie glaubte schlecht zu hören, als er das sagte, seine Freiheit genommen.

Und dann könnte sie ohne ihn überhaupt nicht zurechtkommen, denn so unselbstständig wie sie war, konnte sie sich nur noch an ihre gemeinsamen Kinder halten!

Wütend warfen sich beide unschöne Dinge an den Kopf, bis David schließlich das Haus verließ. Mit wüsten Beschimpfungen sammelte er seine Kleidungsstücke vom Rasen, bevor er mit seinem Auto davonbrauste.

Als sie ihren Eltern mitteilte, sie würde vorübergehend wieder in das Haus zurückziehen, fanden sie das sehr gut. Sicher hofften sie auf eine Versöhnung mit David. Dem war aber nicht so. Von Zeit zu Zeit tauchte er zwar auf, um irgendwelche wichtigen Bücher, Unterlagen oder auch Kleidungsstücke abzuholen, aber Hannah blieb hart.

Am Anfang hatte er noch den Versuch unternommen, sich mit ihr zu versöhnen, gab aber bald auf.

»Nun gut, wie du willst. Aber über das Haus müssen wir doch noch sprechen, denn ewig will ich nicht in dieser kleinen Wohnung mit Lea leben.« Fast bittend sah er sie an. »Wir müssen eine Regelung finden.«

Hannah schnaufte hörbar: »Soll ich dich etwa bemitleiden? Geht sie dir schon auf den Geist, oder du ihr? Das ist alles dein Problem, aber ich möchte Lea nie mehr sehen, verstanden?«

Sie blieb noch einige Wochen in dem Haus und fand dann eine kleine Wohnung in der Stadt. Hoffnungsvoll bereitete sie den Umzug vor. In einer anderen Umgebung würde es ihr besser gehen!

Das erste Mal seit vielen Jahren konnte sie alles nach ihrem Geschmack einrichten. Da sie genug auf ihrem Sparkonto hatte, konnte sie nach Belieben einkaufen. Sie erstand einige Möbelstücke in hellem Holz. Alles sollte hell und freundlich sein. Zu lange hatte sie in dem Antiquitätenkäfig, wie sie Davids Haus manchmal heimlich genannt hatte, gelebt. Endlich hatte sie alles vorbereitet und der Umzugstag lag vor ihr. Ihr Bruder half ihr.

David hatte es vorgezogen, sich nicht sehen zu lassen. Das war ihr auch lieber. Er hatte sie aber gebeten, seine Möbelstücke nicht mitzunehmen. Lieber würde er ihr neue Möbel bezahlen.

»Du verstehst das doch? Es sind lauter wertvolle Antiquitäten, an denen ich sehr hänge. Mein halbes Leben habe ich darin gewohnt.« Jämmerlich winselte er ins Telefon, fand Hannah.

»Keine Angst! Deine Möbel will ich gar nicht haben. Sie erinnern mich auch zu sehr ...«, sie stockte kurz und fuhr dann fort: »... an eine Gruft!« Damit beendete sie das Gespräch.

Bei ihrem Umzug hatte sich auch keiner ihrer Söhne blicken lassen, nein, nicht einmal angeboten hatten sie sich. In letzter Zeit riefen sie nur sporadisch an, um nachzufragen, wie es ihr gehe. Doch keiner von ihnen wartete je eine Antwort ab.

Als sie mit Noah, von vielen Umzugskartons umgeben, in ihrer neuen Wohnung stand, kamen ihr die Tränen. Noah tröstete sie, als wäre sie ein kleines Kind.

»Ich kann dich gut verstehen. Aber nun musst du stark sein! In meinen Augen hast du das einzig Richtige getan.«

»Falls dir die Decke auf den Kopf fallen sollte, du bist bei mir immer herzlich willkommen und das meine ich auch so!«

Noah versprach noch, ihre alten Hausschlüssel David zu übergeben. Jetzt beginnt ein völlig neuer Lebensabschnitt für mich, dachte sie ängstlich. Hoffentlich schaffe ich es auch wirklich!

Erst Wochen später hatte sie ein Telefon beantragt. Bisher hatte sie nur ihr Handy benutzt. Als ihre Eltern die neue Telefonnummer erhalten hatten, gaben sie diese an David weiter, obwohl sie damit nicht einverstanden war. Ihre Familie bestand nur aus Egoisten. Jawohl! Jeder dachte nur an sich selbst. Sie hatte es zu ihrer Lebensaufgabe gemacht, ihre Familie zufriedenzustellen, doch sie selbst war dabei völlig auf der Strecke geblieben. Niedergeschlagen zog sie Bilanz.

KAPITEL 11

Die Tage vergingen und sie konnte sich wieder zu nichts aufraffen. In ihrer Wohnung erledigte sie nur die nötigsten Arbeiten, ansonsten machte sie es sich mit einer Flasche Wein im Wohnzimmer gemütlich und sah fern, das heißt, sie ließ den Fernseher als Geräuschkulisse laufen.

Eines Abends nahm sie, schon etwas angeheitert durch den schweren Wein, ihr Sparbuch in die Hände und erschrak. Mit diesem Betrag würde sie höchstens noch drei oder vier Jahre ihre Miete bezahlen können und, wenn sie nicht zu verschwenderisch umging, auch noch davon leben. War es doch dumm von ihr gewesen, Davids Unterhalt abzulehnen? Sie könne sich aber jederzeit an ihn wenden, hatte er ihr großzügig angeboten. Doch lieber würde sie sich die Zunge abbeißen, als ihn um Geld zu bitten.

Niedergeschlagen schenkte sie sich den Rest des Rotweins ein. Die Einsamkeit schien sie an diesem Abend buchstäblich zu erdrücken. Wie von innerem Zwang besessen, stand sie unsicher auf und schlüpfte in Jeans und Sweatshirt. Sie griff nach ihrer Geldbörse, zog sich eine schwarze Lederjacke an und verließ die Wohnung. Ein Abendspaziergang würde ihr guttun. Außerdem könnte sie bei dieser Gelegenheit noch eine Flasche Wein an einer Tankstelle kaufen. Heute war ihr alles egal. Lohnte es sich überhaupt weiterzuleben? Eigentlich war ihr alles egal.

Ziellos lief sie durch die Straßen. So viele Pärchen sah sie Hand in Hand die Straße entlanggehen, nur sie war allein. Gedankenverloren wanderte sie eine Straße entlang, da sah sie das kleine Restaurant *Almond*. Sie erkannte es sofort, auch wenn es jetzt den Namen *Mond-Bar* trug. In diesem Restaurant hatte sie Robert kennengelernt und nun lag er schon viele Jahre unter der Erde. Sein Grab hatte sie nie mehr besucht, sie wusste nicht, was daraus geworden war. Vielleicht hatten es seine Eltern übernommen. Ihr war es damals egal gewesen. Doch am heutigen Abend dachte sie mit Wehmut an ihren ersten Mann. An seine markanten Gesichtszüge, an sein oft verschmitztes Lächeln. Vorbei! Mühsam unterdrückte sie die Tränen, die ihr in die Augen stiegen. Erst jetzt viel ihr auf, dass sich das ehemalige *Almond* sehr verändert hatte. Es war jetzt eine Bar und sah irgendwie verrucht aus, fand Hannah. Das Einzige, was ihr gefiel, war, dass das Auslagenfenster mit einem Vorhang verhängt war, auf dem viele Monde und Sterne abgebildet waren.

Weniger schön fand sie die kleinen Lampen, die rotes Licht verströmten. Aber ohne darüber groß nachzudenken, betrat sie die Bar. Noch nie hatte sie ohne Begleitung eine Bar betreten, doch heute schien es ihr, als sei es das Normalste auf der Welt. Der ungewohnte Alkoholgenuss hatte sie enthemmt.

Die Theke lag einladend und zudem leer vor ihr. Von der romantischen Musik begleitet, steuerte sie direkt darauf zu. Erst mit dem zweiten Anlauf schaffte sie es, bequem auf dem hohen Barhocker zu landen. Sofort eilte eine nette Bardame in einem eng anliegenden Body mit tiefem Ausschnitt auf sie zu. Lächelnd fragte sie nach Hannahs Wunsch.

»Meine Wünsche gehen leider nicht in Erfüllung. Aber bringen Sie mir bitte ein Glas Rotwein.« Sie sprach betont langsam, um die Undeutlichkeit ihrer Sprache zu verbergen. Der Wein, den sie bereits getrunken hatte, zeigte seine Wirkung.

Sie kramte eine Zigarette aus ihrer Tasche und erschrak. Wie von Geisterhand befand sich ein Feuerzeug vor ihrer Nase.

»Auch wenn das Rauchen hier eigentlich verboten ist ... Darf ich mich zu Ihnen setzen?«, wurde sie höflich gefragt.

Hannah blickte zur Seite und sah einen etwas älteren Herrn, der an einem der Tische gesessen hatte. Er deutete auf den freien Stuhl neben ihr und Hannah nickte, obwohl ihr nicht nach Unterhaltung zumute war. Das sah nach einiger Zeit auch der männliche Gast ein und verabschiedete sich galant, bevor er an seinen Tisch zurückging. Also, nach so einem Abblitzen noch so höflich zu sein, zeugt wirklich von Größe, dachte sie.

Sie sah sich um. Die ganze Wirtsstube war umgebaut worden. Nichts mehr erinnerte sie an das ehemalige Restaurant.

Sie betrachtete die wenigen Gäste und ihr fiel auf, dass alle in Begleitung waren. Bei genauerer Betrachtung stellte sie fest, dass die Frauen und Mädchen alle sehr sexy, um nicht zu sagen äußerst freizügig, gekleidet waren. Langsam dämmerte es ihr. Sie war in einem Bordell oder sogenannten Nachtclub gelandet! Fast panisch rief sie der Bardame zu: »Zahlen bitte!«

Freundlich schüttelte diese den Kopf. »Nein, der Wein geht auf Kosten des Hauses.« Hannah blickte ungläubig. »Warum?«

»Sie sehen aus, als ob Sie etwas zur Stärkung gebrauchen könnten, und so lade ich Sie einfach ein. Außerdem kommt es nur selten vor, dass eine Frau zu uns in die Bar kommt ... Das muss nun schon fast ein Notfall sein – Ihr Notfall.«

Durch diese nette Geste beeindruckt, konnte Hannah nicht anders. Sie blieb, bestellte sich einen Kaffee und bestand aber darauf, ihn zu bezahlen. Es dauerte nicht lange und die nette Bardame kam in jeder freien Minute zu Hannah und schwatzte mit ihr. Als Hannah sich den Mut nahm, um nach dem Club zu fragen, erklärte ihr Carmen:

»Bei uns ist es so: Die Herren unterhalten sich mit unseren Mädchen und wenn sich, so dann und wann, etwas mehr ergeben sollte, haben wir drei kleine Zimmer. Aber ich betone extra; das ist für die Mädchen alles freiwillig. Und oft bleibt es auch nur bei einer Unterhaltung. Bei uns gibt es keinen Zwang. Und übrigens, ich heiße Carmen ...«

In dieser Stunde erfuhr Hannah so einiges aus dem ihr bisher unbekannten Metier. Aufmerksam lauschte sie den Erklärungen von Carmen. Diese hatte sehr schnell mitbekommen, dass Hannah wenig Ahnung vom Nachtleben hatte, und da sie ihr sehr sympathisch war, erzählte sie weiter.

»Und da kommen wirklich ganz hohe Politiker zu euch und lassen sich *unterhalten*? Oder besser gesagt, sie gehen mit den Mädchen auf ein Zimmer, um äh, ja ...?«, fragte Hannah staunend.

»Ja, und die meisten davon sprechen in der Öffentlichkeit sehr abwertend über uns, aber so ist das nun mal. Jeder in unserer Branche kennt das oberste Gebot – Verschwiegenheit!«

Die Zeit verging wie im Fluge und auch der letzte Gast verließ den Raum.

»Jetzt wird es höchste Zeit für mich.« Hannah gähnte verhalten.

»Zehn Minuten noch. Ich möchte dir die Mädchen vorstellen. Nach Schließung der Bar setzen wir uns immer noch ein bisschen zusammen. Es wäre schön, wenn du bleiben würdest.« Carmen sah sie bittend an.

»Gerne! Aber wirklich nicht mehr als zehn Minuten.«

Es dauerte auch nicht lange, da saßen alle um einen großen Tisch und tranken Kaffee, Cola, Sekt oder Mineralwasser. Keine von ihnen schien angetrunken zu sein. Hannah sah es verwundert. Vertrugen alle so viel Alkohol oder verstellten sie sich bloß wegen ihr?

Carmen hatte ihre Blicke verfolgt, verstand sofort und erklärte ihr lachend.

»Falls du über den Alkoholkonsum nachdenkst, die Mädchen trinken sehr wenig. Oft haben sie nur Antialkoholisches in den Gläsern, was die Gäste natürlich nicht wissen. Ist nur ein kleiner Trick, sonst würden sie die langen Abende ja gar nicht überstehen.«

Die Frauen, ganz junge, aber auch einige um die 30, erzählten von ihren Erlebnissen oder kleinen Kümmernissen. In der entspannten Atmosphäre fühlte sich Hannah wohl. Es wurde viel gelacht.

An diesem Abend erfuhr sie, wie freundschaftlich und entgegenkommend sich die Frauen untereinander verhielten. Hannah nahmen sie, ohne Fragen zu stellen, einfach in ihren Kreis auf. Schließlich erhob sie sich, bedankte sich recht herzlich für den schönen Abend und musste versprechen wiederzukommen. Carmen begleitete sie zur Tür und drückte leicht ihren Arm.

»Ich hoffe du kommst wieder. Wir würden uns freuen!«

»Bestimmt!«

Nachdenklich trat Hannah den Heimweg an. Niemals hätte sie gedacht, sich so gut mit Frauen aus dem Rotlichtmilieu zu verstehen. Da sie in den letzten Stunden keinen Alkohol zu sich genommen hatte, ging es ihr an der frischen Luft besser.

Als sie an einem Taxistand vorbeikam, beschloss sie, mit dem Taxi den Heimweg anzutreten. Zehn Minuten später befand sie sich wieder in ihrer Wohnung. Sie verschwendete keinen Gedanken mehr daran, ob sich das Weiterleben lohne.

In dieser Nacht schlief sie gut. Am Morgen hatte sie trotz leichter Kopfschmerzen wieder ihren alten Elan, den sie schon verloren geglaubt hatte. Sie dachte an die Gespräche am Vorabend. Die Frauen hatten alle, wie sagt man so schön, ihr Päckchen zu tragen. Eine von ihnen wurde regelmäßig von ihrem Mann verprügelt und eine andere wiederum hatte so viele Schulden, dass sie mindestens hundertfünfzig Jahre alt werden müsste, um alles abzubezahlen.

In ihrer Situation konnte sie also noch dankbar sein. Aber so einfach war das nicht. Es war schon ein schreckliches Gefühl, von allen verlassen zu sein, aufgrund seines Alters keine Arbeit zu finden, und obendrein auch noch von seinen Kindern verstoßen zu werden, indem sie sich auf die Seite ihres Vaters stellten.

Ihr, der Unrecht getan worden war, kreidete man an, dass sie nicht zu David zurückkehrte. Aber musste sie nicht für sich selbst entscheiden?

Nicht mehr darüber nachzudenken, nahm sie sich vor. Ja, sie wollte jetzt nur noch nach vorne schauen. Heute würde sie sich wieder in einer Kanzlei vorstellen, und vielleicht hatte sie ja Glück. In der Tageszeitung hatte sie sich zwei Stellenangebote angekreuzt.

An diesem Tag nahm sie sich viel Zeit mit ihrer Morgentoilette. Schließlich wollte sie heute besonders gut aussehen. Die Konkurrenz ist groß, sagte sie sich.

In ihrem eleganten blauen Kostüm, in einer Ledertasche ihre Zeugnisse und Referenzen, begab sie sich zu der angegebenen Adresse.

Es war ein mehrstöckiges Haus in Mausgrau. Unten an der Tür waren große Schilder mit den jeweiligen Firmennamen angebracht. *Rechtsanwalt Dr. L. W. Karter*, las sie und drückte auf den Klingelknopf. Der Summton ertönte und sie gelangte ins Treppenhaus. Vor dem Aufzug stand ein jüngerer Mann und sah sie neugierig an.

»Guten Morgen.« Freundlich lächelnd musterte er sie ungeniert von Kopf bis Fuß.

»Guten Tag.« Hannah grüßte den unsympathischen Mann nur widerwillig. Zum Glück kam in diesem Augenblick der Fahrstuhl und sie konnten einsteigen.

»Welchen Knopf darf ich für Sie drücken?«

Der Mann stand dicht neben ihr, obwohl der Aufzug sehr geräumig war.

»Den zweiten Stock, bitte.«

Hannah sah, dass sich in den Mundwinkeln des Mannes weißer Schleim gebildet hatte. Igitt! Sie spürte, wie sich ihr Magen umzudrehen begann. Nur nicht jetzt! Sie rückte etwas von dem Mann weg. Endlich hielt der Lift und sie stieg eilig aus. Auch der Mann folgte ihr und fragte die um sich blickende Hannah: »Kann ich Ihnen behilflich sein?«

»Danke nein, ich finde mich schon zurecht.« Abweisend kehrte sie dem aufdringlichen Mann den Rücken zu. Wie er sie nur angesehen hatte, als wolle er sie ausziehen. Sekunden später stand sie vor dem Zimmer von Dr. L. W. Karter. Noch einmal den Rock glatt gestrichen und angeklopft.

Auf ein »Jaaa« trat Hannah etwas nervös in das Vorzimmer ein. Sie nannte der Sekretärin ihren Namen, brachte ihr Anliegen vor und bat, Dr. Karter sprechen zu dürfen.

»Da muss ich erst einmal nachschauen, ob er Zeit hat, denn ohne Termin ist das nicht so einfach. Bitte warten Sie einen Moment.«

Bevor sie im Chefzimmer verschwand, betrachtete sie Hannah noch einmal eingehendst. Kurz darauf öffnete sie die Tür und Hannah durfte eintreten. Dr. Karter saß am Schreibtisch und erhob sich bei ihrem Eintreten. Hannah überlief es eiskalt!

Diese Arbeitsstelle konnte sie vergessen, denn vor ihr stand niemand Geringerer als der unsympathische Lüstling aus dem Aufzug! Breit grinsend bot er ihr einen Platz an und sah ihre mitgebrachten Unterlagen durch.

»Ja, Sie scheinen mir eine recht kompetente Frau zu sein.«

Schmierig betrachtete er mehr ihre Erscheinung als ihre Referenzen.

»Doch leider suche ich für die Kanzlei eine etwas jüngere Dame, Sie verstehen? Aber wenn Sie bereit wären – ich könnte mir gut vorstellen …«

»Ja, ich verstehe sehr gut …«, unterbrach sie ihn. Sie hatte das etwas laut und fast schon zweideutig hervorgebracht und Dr. Karter sah sie betont erstaunt an.

»Und wenn ich es mir so recht überlege, wäre es sicher nicht das Richtige für mich, für Sie zu arbeiten. Auf Wiedersehen!«

Hannah würgte ihm ihre Antwort lächelnd rein. Er hatte es verdient. Sie griff nach ihren Unterlagen und verließ ohne ein weiteres Wort das Zimmer. Die Tür ließ sie offen stehen.

Sie ärgerte sich dermaßen über diesen blöden Kerl, dass sie fast schon aus Protest das Treppenhaus benutzte, um das Gebäude zu verlassen. So ein arroganter Kerl und zudem war er mehr als unangenehm!

Sie zwang sich, den Zettel hervorzukramen, auf dem sie die zweite Adresse notiert hatte. Zu Fuß würde sie den Weg dorthin in zwanzig Minuten geschafft haben. Unterwegs konnte sie sich dann etwas abregen und eine Zigarette rauchen, überlegte sie. Ohne Eile machte sie sich auf den Weg.

Dort angekommen, sah sie sich vor einem typischen Bürogebäude mit vielen großen Fenstern stehen. Beim Pförtner fragte sie nach der Kanzlei und stand kurz darauf vor dem Büro. Auch hier klopfte sie und wurde hereingebeten. Als sie ihr Anliegen vorgebracht hatte, winkte die Sekretärin, ungefähr im Alter ihres jüngsten Sohnes, sofort ab. »Tut mir leid, die Stelle ist bereits vergeben.«

Enttäuscht trat sie den Heimweg an. Ihre gute Laune war wie weggeblasen. Zum Glück hatte sie noch einige Bewerbungsschreiben mit der Post verschickt, sodass sie auf diesem Wege auf eine bessere Nachricht hoffen konnte. Später würde sie erfahren, dass auch diese Bewerbungen keinen Erfolg gebracht hatten.

In einem Supermarkt kaufte sie noch zwei Flaschen Wein, einige Semmeln und etwas Wurst. Schließlich musste sie etwas zu sich nehmen und in ihrem Kühlschrank herrschte derzeit gähnende Leere. Zu Hause machte sie es sich bequem, schenkte sich ein großes Glas Wein ein und schaltete den Fernseher an. Sie konnte die Stille in der Wohnung nicht ertragen.

Wie gerne hätte sie jetzt einen ihrer Söhne oder das Geplapper ihres Enkelkindes um sich gehabt. Doch das vorige Wochenende, das dermaßen ins Wasser gefallen war, hinderte sie daran, dort anzurufen.

Sie holte ihr Notizbuch hervor und blätterte darin. Rita, richtig, an sie hatte sie länger nicht mehr gedacht. Vielleicht hatte sie heute Abend Zeit, sich mit ihr zu treffen. Es hatte eine Zeit gegeben, in der sie regelmäßig etwas unternommen hatten. Nachdem sie David geheiratet hatte, hatten sie nur noch selten Kontakt gehabt und sich kaum noch gesehen.

Rita hatte sie kurz vor der Trennung von David angerufen, um sich mit ihr zu treffen. Damals hatte sie abgesagt, da David an diesem Abend zu Hause blieb, was in den letzten Monaten äußerst selten vorgekommen war.

Heute war Hannah natürlich klar: Die Geschäftsreisen und die Termine mit Klienten hatte David nur vorgeschoben, um sich in aller Ruhe mit Lea treffen zu können. Und dieses gemeine Stück hatte ihr ins Gesicht gelogen und ihr obendrein noch von dem fantastischen Liebhaber erzählt, der aber leider verheiratet war. Eine solche Dreistigkeit war Hannah in ihrem ganzen Leben noch nicht untergekommen.

Und an die Telefonanrufe durfte sie überhaupt nicht denken. Nie hätte sie auch nur im Entferntesten daran gedacht, dass David mit ihrer besten Freundin seine Späße trieb, während sie am anderen Ende der Leitung saß. Wie tief er doch gesunken war und Lea auch!

Sie könnte sich heute noch ohrfeigen. War sie David an diesen wenigen Abenden, an denen er zu Hause war, doch stets die liebende Ehefrau gewesen. Sie hatte ihn verwöhnt und all seine Wünsche von den Augen abgelesen. Egal ob sie Lust dazu hatte oder nicht, seine Wünsche waren ihr fast schon Befehl gewesen.

Sie griff zum Telefon und wählte Ritas Nummer. Ritas Mann meldete sich und teilte ihr mit, sie wäre noch auf der Arbeit und käme erst spät am Abend wieder. Hannah bedankte sich, ließ schöne Grüße ausrichten und legte den Hörer auf. Pech gehabt. Sie trank noch ein Glas Wein und schlief dann, noch immer in ihrem Kostüm, auf der Couch ein.

Als sie erwachte, war es im Zimmer dunkel. War es wirklich schon so spät? Schlaftrunken setzte sie sich auf und knipste die Stehlampe an. Schon neunzehn Uhr, da hatte sie ja ganz schön viel Zeit verschlafen. Ihr Kostüm war so zerknittert, wie sie sich fühlte. Sie zwang sich, in die Küche zu gehen und eine Semmel zu essen. Unruhig lief sie in der Wohnung umher.

Sie schnappte sich das Telefon und rief bei ihrem Bruder an, doch der meldete sich nicht. Sie hielt es nicht länger alleine aus, doch was konnte sie unternehmen? Sollte sie heute wieder in die Bar gehen? Warum nicht! Doch zuerst war eine erfrischende Dusche angesagt.

An diesem Abend wollte sie so gut aussehen wie nur möglich. Daher wühlte sie in ihrem Kleiderschrank, um etwas Passendes zu finden. Sie entschied sich für ein schickes Kleid, das schlicht in Schwarz und in sich gemustert gehalten war. Es betonte ihre noch immer gute Figur schmeichelhaft. Dazu trug sie heute etwas mehr Make-up auf und sprühte sich von ihrem Parfum einige Tropfen hinter die Ohren.

Zufrieden schlang sie noch einen breiten Gürtel um ihre Taille, der diese aufreizend betonte. Ihr Spiegelbild gefiel ihr. Selbstbewusst machte sie sich auf den Weg und betrat kurze Zeit später die Bar.

Und wieder umfing sie romantische Musik, als sie an die Theke trat. Drei Männer saßen in Begleitung an den Tischen.

Mit großem »Hallo« wurde sie von den Mädchen begrüßt.

Hannah freute sich sehr. Sie schüttelte viele Hände und wurde sofort auf ein Glas Sekt eingeladen. Carmen trat aus der kleinen Küche und legte ein Küchentuch, das zu einer Schürze umfunktioniert worden war, beiseite.

»Hannah, ich freue mich sehr, dich zu sehen.« Carmen drückte der verdutzten Hannah links und rechts einen Kuss auf die Wange.

Sie verbrachte wieder viele Stunden in der Bar und hatte immer wieder Gelegenheit, mit den Mädchen, die gerade keinen Herrn unterhalten mussten, zu schwatzen. Hannah störte es nicht im Geringsten, dass keine weiteren weiblichen Gäste anwesend waren.

An diesem Abend erzählte sie ein klein wenig von sich. Mitfühlend hörten ihr Natascha, Colette und Carmen zu. Als sie von der vergeblichen Arbeitssuche berichtete, blitzte es in Carmens Augen auf.

»Was hältst du davon, uns in der Küche zu helfen? Du hast ja gesehen, wie ich zeitweise im Stress bin. Nicht immer, aber doch sehr oft.«

Unschlüssig schwieg Hannah.

»Also, bei uns gibt es nur Sandwiches und andere Kleinigkeiten, sicher könntest du das mit links. Aber du kannst ruhig eine Nacht oder zwei darüber schlafen und mir dann Bescheid geben. Ich möchte dich nicht drängen.«

»Überlegen kann ich es mir ja, aber musst du nicht erst deinen Chef oder deine Chefin fragen?«

Lautes Gelächter erklang in der Runde. Carmen stand auf und verbeugte sich lachend vor Hannah: »Darf ich vorstellen«, sie deutete auf sich selbst, »die Chefin höchstpersönlich!«

Daraufhin gab Natascha eine kleine Geschichte zum Besten, die sich erst vor Kurzem in der Bar zugetragen hatte: Ein Gast wollte partout nicht glauben, dass Carmen hier das Sagen hat und fing dann auch noch zu randalieren an.

»Carmen schmiss ihn kurzerhand und eigenhändig hinaus.«

Diese Entschlossenheit und diese Kraft hätte Hannah ihr nicht zugetraut.

Stunden später, wieder zurück in ihrer Wohnung, ließ Hannah den Abend noch einmal Revue passieren ließ. Sie stellte fest, dass sie sich seit Jahren nicht mehr so wohlgefühlt hatte wie in der Bar. Sollte sie in der Bar zu arbeiten anfangen? Bisher hatte sie nie in solchen Kreisen verkehrt, im Gegenteil. Aber anders betrachtet ging ihr Leben letztendlich nur sie selbst etwas an. Noch ehe sie gegen Morgen einschlief, nahm sie sich vor, bei Carmen zuzusagen, bis sie eine Arbeitsstelle in einer Kanzlei bekommen würde.

Hannah erwachte am nächsten Morgen, als das Telefon schrillte. Schlaftrunken nahm sie den Hörer ab, wurde aber schlagartig wach. Ihre Mutter teilte ihr mit, sie könnte in einem Supermarkt, den auch Hannah kannte, am Vormittag Regale auffüllen und bekäme dafür auch einen angemessenen Stundenlohn. Mit dem Geschäftsführer hatte ihre Mutter bereits gesprochen; da sie mit ihm befreundet war, und er hatte zugesagt. Sie sollte in einer Stunde bei ihm sein.

»Kind, bist du noch am Telefon? Du sagst ja gar nichts! Ich kenne Herrn Lampert schon so lange, da dachte ich mir ...«

»Schon gut, Mama! Ich freue mich wirklich, aber jetzt muss ich mich beeilen, da ich noch im Nachthemd bin. Ich ruf dich dann nachher an.«

In Rekordzeit duschte sie und erledigte ihre Morgentoilette.

Eine halbe Stunde später verließ sie ihre Wohnung und stieg in ihr Auto. Seit sie wieder in der Stadt wohnte, benutzte sie ihr Auto verhältnismäßig selten. Entweder fuhr sie mit den öffentlichen Verkehrsmitteln, mit denen sie schneller an ihr Ziel gelangte, da sie keinen Parkplatz suchen musste, oder sie ging zu Fuß. Letzteres mochte sie am liebsten. Doch heute war sie in Eile und so fuhr sie mit dem Auto in den nahe gelegenen Supermarkt.

Mit Herrn Lampert wurde sie schnell einig und der Stundenlohn war auch in Ordnung, fand sie. Die Arbeitszeit konnte sie sich selber einteilen, jedoch täglich mindestens drei Stunden und bis spätestens fünfzehn Uhr. Besser wäre es jedoch, so zwischen vier und fünf Stunden täglich zu arbeiten. Aber das könnte sie selbst entscheiden, je nach Arbeitsanfall.

»Soweit ist jetzt alles geregelt, Sie können, wenn Sie möchten, bereits morgen ab sieben Uhr anfangen. Den Arbeitsvertrag werde ich in den nächsten Tagen vorbereiten.«

Herr Lampert reichte ihr zum Abschied die Hand. »Auf gute Zusammenarbeit!«

Glücklich über die Arbeit, fuhr sie nicht nach Hause, sondern zu ihren Eltern. Vor einer Tasse Kaffee sitzend, erzählte sie haargenau den Ablauf des Gesprächs. Sie kam sich beinahe so vor, als sei sie wieder Kind. Ihre Eltern freuten sich mit ihr.

An diesem Tag blieb sie noch bis zum Abendessen und verabschiedete sich frohen Herzens von ihnen. Beide winkten ihrem Auto nach, bis sie nicht mehr zu sehen war. David hatten sie mit keinem Wort erwähnt. Das lag wahrscheinlich daran, dass ihre Eltern in Kürze wieder für längere Zeit unterwegs sein würden und es wäre ungut, wenn sie sich vorher gestritten hätten. Zumindest nahm Hannah das an.

Erst wollte sie nach Hause, sich umziehen, dann in die Bar und ihren neuen Freundinnen von ihrem Glück mit der Arbeitsstelle erzählen. Und da es jetzt endlich mit ihr aufwärts zu gehen schien, auch psychisch, so würde sie, wenn Carmen wollte, noch heute Abend bei ihr als Aushilfe anfangen. Sie konnte es kaum erwarten, wieder in die Bar zu gehen. Doch ihr Auto machte ihr zunächst einen Strich durch die Rechnung.

Sie fuhr auf dem Beschleunigungsstreifen auf die Autobahn, als sie ein Geräusch hörte. Ihr Auto gab nun undefinierbare Geräusche von sich und wurde, wie von Geisterhand, abgebremst, wurde langsamer und stand schließlich still.

Geistesgegenwärtig hatte sie bei Beginn der eigenartigen Geräusche die Warnblinkanlage eingeschaltet und das Auto sofort auf die Standspur gelenkt. So schnell wie nur möglich baute sie das Warndreieck zusammen und stellte es in sicherer Entfernung auf. Hastig lief sie zurück und suchte fieberhaft ihr Handy in ihrer großen Tasche. Na endlich! Die Telefonnummer ihres jüngsten Sohnes wählend, setzte sie sich zurück ins Auto. Fabian hob selbst ab.

»Gott sei Dank, Fabian! Ich bin's, Mama. Ich bin hier auf der Autobahn mit meinem Auto liegen geblieben. Kannst du kommen?«

Fabian druckste ein wenig herum und dann sagte er:

»Äh, leider nicht, denn ich habe schon zwei Bier getrunken und kann nicht mehr mit dem Auto fahren. Außerdem essen wir gerade.«

»Und Laura? Kann sie kommen?«

»Äh, ja, Laura, die – nein, ist nicht zu Hause.«

»Ach ja?« Hannah glaubte ihm kein Wort, zumal er von *wir essen gerade* gesprochen hatte. »Hast du heute gekocht?«

Hannah hatte sofort bemerkt, dass sie mit ihrem Anruf ungelegen kam und Fabian sie anlog. Und doch versuchte sie es in ihrer Not noch einmal.

»Kannst du mich wirklich nicht abholen? Es ist hier auch so dunkel und unheimlich und auch nicht ganz ungefährlich. Mein Auto ...«

Unbehaglich sah sie aus dem Autofenster. Außer schnell vorbeifahrenden Autos sah sie einfach nichts, nur Dunkelheit. Niemand hielt an.

»Leider nein, Mama, aber soll ich dir ein Taxi rufen?«, fiel er ihr ins Wort.

»Nein, danke, das kann ich selbst!«

Wütend beendete sie das Gespräch. Sie konnte es wieder einmal nicht fassen! Ihr Sohn, von Beruf Automechaniker, dem sie bei der Verwirklichung seines Berufswunsches geholfen hatte, ließ sie einfach im Stich. Niemals zuvor hatte sie seine Hilfe benötigt, dies wäre die Premiere gewesen.

Wen konnte sie anrufen? Klar! Den Automobilclub. Und sofort und ohne Umstände wurde ihr dort geholfen. Sie würden einen Abschleppwagen schicken und eine Mitfahrgelegenheit anbieten.

Mist! Hätte ihr Auto nicht noch ein paar Minuten durchhalten können, dann wäre sie zu Hause gewesen! Alles in allem dauerte es dann doch noch eine ganze Weile und wie gerädert kam sie später als geplant in der Bar an. Erschöpft ließ sie sich auf einen Barhocker fallen. Carmen begrüßte sie kurz, stellte ihr ein Glas Wein auf die Theke und eilte wieder in die Küche. Carmen sah auch heute wieder umwerfend aus, dachte sich Hannah. Wenn man bedenkt, was diese Frau so alles leistet.

Sie selbst ähnelte bestimmt einer wandelnden Leiche. Mit etwas Make-up hatte sie freilich versucht, die Spuren der Aufregung zu verwischen, aber gelungen war es ihr sicher nicht.

Carmen hatte keine Zeit und auch die anderen Mädchen waren alle beschäftigt. Kurze Zeit sah sie dem hektischen Treiben zu. Mit erhitztem Gesicht erschien Carmen hinter dem Tresen. In den Händen hatte sie eine Platte, auf der mehrere Sandwichs lagen. Sie übergab sie einem der Mädchen und eilte in die Küche zurück. Ein jüngerer Mann, der wie sie an der Bar saß, bekam bei dem Anblick der lecker zubereiteten Sandwiches Appetit und bestellte auch zwei Stück davon.

Hannah nahm ihre Handtasche, glitt vom Barhocker und begab sich hinter die Bar. Sie öffnete die Schwingtür und betrat energisch die kleine Küche. Carmen hatte sich erneut Zutaten für den Imbiss geschnappt und richtete fast schon künstlerisch eine Platte damit an. Als Hannah die Küche betrat, blickte sie freundlich, aber doch leicht hektisch auf.

»Gibt es Probleme draußen? Brauchst du was zu trinken? Ich bin gleich fertig.«

»Draußen, da schau mal lieber selber nach, aber gib mir vorher deine Schürze.« Sie hatte einen strengen Blick aufgesetzt und einen harten Ton gewählt. Doch dann konnte sie sich das Lachen nicht mehr verkneifen. Erleichtert lachte jetzt auch Carmen und überließ ihr nur zu gerne die Küche. Mehrere Male musste Hannah nachfragen, aber im Großen und Ganzen machte sie ihre Arbeit gut. Nach Mitternacht ging es etwas ruhiger zu und Hannah nutzte die Gelegenheit, um eine Zigarette zu rauchen, außerdem genehmigte sie sich einen Kaffee. Carmen und noch zwei weitere Frauen gesellten sich zu ihr.

»Finde ich ganz toll, dass du uns so hilfst.« Bernadette tätschelte ihr den Arm.

»Ja wirklich, ohne dich hätten wir das heute nicht so gut geschafft.« Carmen nickte zufrieden.

»Jetzt hört aber auf!« Verlegen zog Hannah an ihrer Zigarette. Später, als auch der letzte Gast die Bar verlassen hatte, saßen sie nach dem Aufräumen wieder um einen großen Tisch und ließen den Abend Revue passieren. Carmen besprach mit Hannah auch die finanziellen Konditionen. Als diesbezüglich alles geklärt schien, fühlte sich Hannah wohler denn je.

Sie erzählte den Frauen, die ihr in den wenigen Tagen schon richtig ans Herz gewachsen waren, von ihrem neuen Job im Supermarkt.

Andrea, mit Künstlernamen Michelle, lachte: »So ein Zufall, in demselben Markt arbeite ich auch, aber an der Kasse. Normalerweise fünfmal die Woche, von zwölf bis sechzehn Uhr. Sicher laufen wir uns da öfter über den Weg.«

Michelle hatte einen Sohn, der das Gymnasium besuchte und litt demzufolge ständig unter Geldnot.

»Der Kerl wächst schneller aus seinen Klamotten, als ich das Geld dafür verdienen kann«, erklärte sie kopfschüttelnd.

An diesem Abend fuhr Natascha sie nach Hause.

KAPITEL 12

In der kommenden Nacht schlief Hannah wie ein Stein. Frühmorgens erwachte sie topfit. Nur ein kleiner Muskelkater in ihren Beinen erinnerte sie an die ungewohnte Arbeit vom Vorabend. Sie nahm ihn gerne in Kauf, denn so gut hatte sie sich schon lange nicht mehr gefühlt. Ihre Niedergeschlagenheit war wie weggeblasen. Endlich hatte sie eine Aufgabe, nein, genau genommen sogar zwei.

Den ersten Arbeitstag im Supermarkt begann sie um neun Uhr. Sie hatte sich vorgenommen, an diesem Tag etwa vier Stunden zu arbeiten. Ihre Kollegin, die sie am Morgen eingewiesen hatte, sagte ihr jedoch gleich:

»Sie werden sehen, da ist mehr Arbeit, als in diesen paar Stunden zu schaffen ist. Ich gebe Ihnen eine Woche, dann werden Sie, wie ich auch, den ganzen Tag arbeiten.«

Sicher nicht, dachte Hannah, denn ich habe ja auch noch meinen Job in der Bar.

Laut sagte sie aber: »Wir werden sehen. Und vielen Dank für Ihre Hilfe, und dass Sie meine vielen Fragen immer so geduldig beantworten.«

»Kein Problem«, nickte Frau Miller im Weggehen.

Die Zeit verflog und als Hannah eine kurze Pause einlegte, sah sie, dass sie schon drei Stunden gearbeitet hatte. Auf sie wartete aber noch eine volle Palettenladung, die noch eingeräumt werden sollte.

Sie beendete ihre Pause und arbeitete zügig weiter. Als sie nach der Arbeit mit schmerzendem Rücken den Heimweg antrat, war sie dennoch glücklich. Was war ihr nur in den ganzen Jahren verloren gegangen!

Endlich stand sie mit beiden Beinen wieder fest im Leben. Endlich hatte sie keine arroganten Klienten mehr um sich herum, sondern ganz normale Menschen und die Aussicht auf ausgefüllte Tage.

Aus Wochen wurden rasch Monate und Hannah konnte sich ihr Leben gar nicht mehr anders vorstellen.

Ihre Eltern ahnten nichts von ihrem Job in der Bar. Sie hatte es ihnen nicht erzählt und sollten sie es erfahren, dann war es ihr auch egal.

Nur Noah sprach sie an, als sie ihn endlich wieder einmal besuchte: »Sag mal, du bist am Abend nie zu erreichen, hast du einen Freund?«

Hannah konnte ihren Bruder nicht anlügen. Allerdings musste er versprechen, kein Wort darüber verlauten zu lassen. Weder zu ihren Eltern noch zu ihren Kindern. Und mit David hatte er ohnehin keinen Kontakt mehr.

Noah konnte es nicht fassen: »Meine Schwester, die sich jahrelang nur in den besseren Kreisen bewegt hat, arbeitet in einer Animierbar, kaum zu glauben!«

Auf ihren Blick hin ergänzte er lachend: »Ja, ja, ich bin im Bilde. Du arbeitest nur in der Küche. Das sagtest du schon.«

Sie erzählte ihm von ihren Kolleginnen, damit er sie besser verstehen konnte. Als seine Neugier befriedigt schien, fragte er nach ihren Söhnen.

»Wie geht's ihnen?« Noah hatte beide lange nicht gesehen.

»Keine Ahnung, ich denke gut. Wir haben nur noch sehr losen Kontakt. Sie nehmen mir übel, mich von David getrennt zu haben. Und sobald ich ihren Vater erwähne, sprechen sie von etwas anderem. Sie machen mich verantwortlich und meinen, dass ich David aus dem Haus getrieben hätte. In ihren Augen ist es nicht so schlimm, dass er mich betrogen hat. Aber wehe, sie selbst würden betrogen werden, dann ginge sicher für alle beide die Welt unter. Ich habe richtige Egoisten herangezogen«, redete sich Hannah in Rage. »Und meine Schwiegertöchter«, fuhr sie fort, »kann man auch vergessen. Sie denken nur an sich.«

Noah musste unwillkürlich lachen, weil seine Schwester so grantig war. Als er die Scheidung ansprach, unterbrach ihn Hannah: »Wir sind ja noch nicht geschieden, aber ich werde demnächst mit David darüber sprechen. Und von meinem jetzigen Leben hat er keine Ahnung. Außerdem geht ihn das alles nichts mehr an.«

Das Gespräch mit Noah öffnete ihr plötzlich die Augen: Sie wollte die Scheidung und das so schnell wie möglich. Bisher hatte sie dieses Thema immer beiseitegeschoben und nicht ernsthaft darüber nachgedacht. Sie lebte nun ihr eigenes Leben und war zufrieden. Für sie würde das Ganze jetzt nur noch eine Formsache sein. Noch am selben Tag rief sie David an und bat um einen Termin, um sich mit ihm wegen der Scheidung zu besprechen.

Da sie aus Stolz keinerlei Unterhaltszahlung von ihm entgegennahm, hatten sie lange keinen Kontakt mehr gehabt. Es würde nun das erste Treffen seit längerer Zeit sein.

Hannah hörte, wie er in seinem Terminkalender blätterte. »Hast du am Freitag Zeit? Sagen wir gegen neunzehn Uhr?«

»Nein, leider nicht.« Sie verschwieg ihm, dass am Freitag immer Hochbetrieb in der Bar herrschte und sie deshalb schon gegen neunzehn Uhr mit ihrer Arbeit begann. Schließlich einigten sie sich auf Sonntagnachmittag. Hannah graute jetzt schon davor.

KAPITEL 13

Schneller als gedacht, war der Sonntag gekommen und die Zeiger ihrer Uhr zeigten auf 14 Uhr. Im gleichen Augenblick klingelte es an der Tür. Pünktlich war er ja immer schon gewesen. Verstohlen musterte sie ihren Noch-Ehemann, als sie sich begrüßten. Entweder schien er sehr schnell gealtert zu sein oder sie hatte ihn jünger in Erinnerung behalten. Natürlich war kein Makel an seiner Kleidung, und doch machte er auf sie einen etwas traurigen Eindruck. Das konnte natürlich auch an dem bevorstehenden Gespräch liegen.

»Hannah, du siehst gut aus.«

Bewundernd musterte er sie von oben bis unten.

»Na, was dachtest du denn? Mir ist es auch noch nie so gut gegangen wie jetzt.«

David schluckte hörbar und setzte sich.

»Willst du wirklich die Scheidung?«, hörte sie ihn fragen.

Erstaunt antwortete sie: »Ja, natürlich. Du hast jetzt ein neues Leben und dazu eine neue …«, sie stockte kurz, »eine neue Lebenspartnerin und auch ich führe mein eigenes Leben. Da will ich doch nicht mehr an dich gebunden sein, in keinster Weise.«

»Hannah, du bist hart geworden. Selbst den Kindern ist das schon aufgefallen.«

»Ach ja, das erstaunt mich, denn beide lassen kaum noch etwas von sich hören. Mein Enkelkind sehe ich auch so gut wie nie.« Hannah unterlegte ihre Worte mit einem schneidenden Unterton. »Und jetzt erzähl mir nur nicht, dass sie mich vermissen, diese Egoisten.«

Sie zündete sich eine Zigarette an und blies den Rauch ärgerlich in die Luft. David bedachte sie mit einem missbilligenden Blick. Um keinen Streit aufkommen zu lassen, hielt er sich mit einer Bemerkung zurück.

Dieses Gespräch schien für beide nicht einfach zu sein, und doch wurden sie sich schnell einig. David würde einen Kollegen von ihm bitten, Hannah zu vertreten. Sie war einverstanden. David würde sie nicht über den Tisch ziehen wollen, das war einfach nicht seine Art. Das, was ihr zustand, würde sie auch erhalten. Er würde sich wie immer wie ein Gentleman benehmen. Da war sich Hannah ganz sicher.

»Bist du glücklich?«

Seine Frage traf sie unvorbereitet, doch sie nickte, ohne zu zögern. Schließlich fragte sie: »Und du?«

»Na ja«, begann er vorsichtig. »Jetzt führe ich ein ganz anderes Leben. Lea ist ja damals zu mir ins Haus gezogen.«

Als er Leas Namen erwähnte, ärgerte sie sich.

»Das kann ich mir denken. Lea heizt dir ganz schön ein, gell? Sie ist nicht so leicht zu lenken, wie ich es war. Aber lassen wir das, es ist vorbei.«

David bat, ihre Toilette benutzen zu dürfen.

Kurz darauf kam er mit einem provokativen Lächeln zurück, das sie nur zu gut an ihm kannte.

»Oh Mann – Hannah, so kenne ich dich ja gar nicht. Im Bad befinden sich ja tolle Dessous. Nun wird mir einiges klar, du hast einen Freund. Bestimmt einen sehr jungen«, fügte er noch herausfordernd hinzu.

Das war doch nicht möglich – David war eifersüchtig! Sie beschloss, ihn in dem Glauben zu lassen und lächelte nur geheimnisvoll. Kurz darauf verabschiedete er sich. Zufrieden kochte sie sich einen Kaffee.

Davids Besuch hatte sie hinter sich und außerdem hatte sie das Gefühl, dass er sie gerne zurückhaben wollte. Ein gutes Gefühl, die Oberhand zu haben. Heute hatte sie außerdem noch ihren freien Tag. Kein Supermarkt, keine Bar, sie konnte ihre Seele einfach baumeln lassen. Später würde sie sich mit einem Mann treffen, mit Marcel.

Ihr ging es gut, sehr gut sogar. Das hatte sie ihrem Doppelleben, wie sie es immer nannte, zu verdanken. Sie verdiente gut und es hatte sich sogar schon wieder Spargeld auf ihrem Konto angesammelt. Auch ihre Kleidung hatte sie zum großen Teil erneuert. Viele aufreizende Bodys, einige davon hatte David im Bad gesehen, kurze Röcke und Kleider und vieles mehr. Selbstverständlich hatte sie sich den Frauen in der Bar kleidermäßig etwas angepasst, wenngleich auch nicht hundertprozentig. Mittlerweile liebte sie es, ihre gute Figur zu betonen.

Viele der männlichen Gäste bedachten sie mit Komplimenten oder sahen ihr mit bewundernden Blicken nach.

Sie konnte wirklich sagen, die Gäste hatten fast allesamt Stil. Selten kamen grapschende Hände oder zweideutige Sprüche. Doch wenn das der Fall war, wusste sie sich auch dagegen zu wehren. Aber meistens erzählten ihr die Gäste aus ihrem Alltag oder sie sprachen über ganz allgemeine Themen. Sie war in der Bar sozusagen die Unterhaltungsdame, wie sie sich selbst nannte.

Nur einmal, da hatte sie alle Bedenken und Grundsätze über Bord geworfen und einen One-Night-Stand gehabt. Noch heute zogen Carmen und die Mädchen Hannah damit auf.

Begonnen hatte es damit, dass an diesem Abend viele Gäste in der Bar waren. Die Mädchen hatten kaum Zeit, sich um alle zu kümmern. So gut es neben dem Getränkeausschank ging, unterhielt Hannah die Männer, für die die Mädchen noch keine Zeit hatten. Ein sehr charmanter Mann in den besten Jahren flirtete heftig mit ihr. Hannah genoss es in vollen Zügen und flirtete auf Teufel komm raus zurück. Gekonnt setzte sie ihre Reize ein und wurde nicht müde, die Gäste etwas anzuheizen. Die Stammgäste kannten Hannah bereits und wussten auch, dass es dabei bleiben würde, da sie niemals mit auf die Zimmer ging. Wenn es auch alle respektierten, so versuchten sie doch manchmal, Hannah zu überreden. Doch sie blieb standhaft, sie wollte mit keinem Mann etwas anfangen, in den sie sich nicht verliebt hatte.

An dem besagten Abend, die letzten Gäste verließen gerade die Bar, stand plötzlich ein Mann vor ihr, der sie fast umhaute. So einen tollen Mann hatte sie selten gesehen. Sein Lächeln war umwerfend. Er fragte sie, wo der Fahrgast sei, der ihn zur Bar bestellt hatte. Wie sich herausstellte, hatte der Gast wohl eine andere Fahrgelegenheit bekommen und war nicht mehr auffindbar. Der Taxifahrer meinte nur, dass diese Fahrt sowieso seine letzte gewesen wäre und somit wäre es nicht so schlimm. Aber jetzt noch einen Kaffee mit Hannah zu trinken, das wäre himmlisch. Dabei lächelte er Hannah so offen an, dass diese gar nicht anders konnte. Sie schmiss die Kaffeemaschine noch mal an und stellte kurz darauf zwei volle Tassen auf die Theke. Mittlerweile war es in der Bar ruhig geworden. Carmen und die Mädchen hatten sich an den großen Tisch in der Ecke gesetzt und unterhielten sich leise. Ab und zu fing Hannah einen Blick der Mädchen auf, die sie unauffällig beobachteten.

Pierre, so hieß der Taxifahrer, saß vor ihr auf einem Barhocker und ließ Hannah nicht aus den Augen. Während sie sich unterhielten, strahlte er Hannah immerzu an. Begeistert erzählte er von den Sehenswürdigkeiten in seinem Heimatland Frankreich. Von diesem wundervollen Land, das er ihr gerne zeigen würde.

Liebend gerne hätte sie noch viel mehr Zeit mit ihm verbracht, doch Carmen drängte schließlich zum Aufbruch. Pierre erhob sich sofort und legte einen Schein auf die Theke. Er verabschiedete sich und verließ die Bar, nicht ohne Hannah vorher noch ein strahlendes Lächeln zu schenken.

»Hannah, was ist mir dir? So kenne ich dich gar nicht ...« Carmen lachte und deutete zur Tür.

»Wow, was war das denn! So ein Mann und dieser französische Akzent ... Er möchte mit mir nach Frankreich fahren und mir seine wundervolle Heimat zeigen, die Basilika Sacré-Coeur und viele andere Sehenswürdigkeiten«, sprudelte es aus Hannah nur so heraus.

»Das war schon ein besonders schnuckeliges Exemplar von Mann«, kicherte eines der Mädchen. »Der hat dich mit den Augen ja fast verschlungen!«

»Ach was, ich bin doch viel zu alt für den«, winkte Hannah verlegen, aber doch etwas geschmeichelt ab.

Die Mädchen waren bereits auf dem Nachhauseweg, als Carmen und Hannah die Bar verließen. Carmen schloss die Tür ab, umarmte Hannah kurz und deutete auf das Taxi, das nur wenige Meter entfernt parkte. Hannah errötete und bevor sie etwas sagen konnte, eilte Carmen davon.

Pierre deutete strahlend auf sein Auto, öffnete galant die Beifahrertür und Hannah stieg, wenn auch etwas zögerlich, ein. Er selbst setzte sich auf den Fahrersitz und strahlte Hannah wieder mit einer Herzlichkeit an, dass es ihr ganz anders wurde. Er legte seine Hand auf ihre und blickte ihr tief in die Augen.

»Hannah«, begann er. »Ich bin heute so glücklich und ich will ganz ehrlich sein: Ich möchte mit dir schlafen. Ich möchte dich in meinen Armen halten und mit dir wunderschöne Stunden verbringen. Du bist etwas ganz Besonderes. Das habe ich sofort gespürt, als ich dich gesehen habe. Bitte! Komm bitte mit zu mir, du bist so wundervoll, ich möchte dich verwöhnen ...«

Hannah schüttelte erst den Kopf, doch seiner offenen und ehrlichen Art und seinem liebevollen Lächeln konnte sie einfach nicht widerstehen. Warum eigentlich nicht? Sie hatte ja nichts zu verlieren, dachte sie sich. So nickte sie lächelnd und Pierre küsste sie daraufhin zaghaft auf den Mund.

Warum sie zugestimmt hatte, konnte sie im Nachhinein nicht mehr sagen. Nur so viel, dass sie es kaum erwarten konnte, Pierres Körper zu spüren. Sie fuhren zu seiner Wohnung.

In dieser Nacht erlebte sie einen Zauber, den sie nie wieder vergessen wird. Pierre war ein Meister der Zärtlichkeit und mit keinem Gedanken dachte sie an den Altersunterschied, der sie beide trennte. Immer und immer wieder flüsterte er ihren Namen, bis sie aneinandergekuschelt einschliefen. Später befreite sie sich aus seinen Armen und betrachtete im Licht der etwas abgedunkelten Lampe sein Gesicht und seinen nur halbherzig zugedeckten Körper. Viele Frauen würden mich jetzt sicher beneiden, dachte Hannah und streichelte zärtlich die Konturen seines Gesichtes nach. Pierre erwachte und zog Hannah wieder an sich.

»Hannah, bleib bei mir. Nicht nur heute Nacht«, bat er leise.

»Pierre, du bist ein wundervoller Mann, aber das geht nicht. Bitte versteh das. Ich muss gehen.«

Sie merkte selbst, wie theatralisch sich das anhörte, doch sie konnte nicht anders. Pierre war viel zu jung für sie. Irgendwann wäre der Zauber zwischen ihnen vorbei, und er würde sich dann ihr gegenüber vielleicht nur noch verpflichtet fühlen. Darauf wollte sie es nicht ankommen lassen. In dieser Nacht hatte sie für kurze Zeit den Verstand ausgeschaltet und nur ihr Herz sprechen lassen, doch nun drängte er wieder in den Vordergrund – der manchmal eiskalte Verstand. Kurz darauf verließ sie ihn – schweren Herzens.

Carmen begrüßte sie mit einem wissenden Lächeln, als Hannah tags darauf die Bar betrat.

»Und? Wie war er? Hat er dir seinen *Sacré-Coeur* gezeigt?«, fragte sie direkt und indiskret. Die Mädchen kicherten und wollten ebenfalls wissen, wie der Abend verlaufen war. Obwohl Hannah nicht zum Lachen zumute war, konnte sie es doch nicht verhindern.

»Es war nur eine einzige wundervolle Nacht, mehr wird es nicht geben. Und mehr möchte ich dazu auch nicht sagen«, erwiderte sie etwas traurig.

Die Mädchen respektierten es, doch wenn in der Zeit darauf der Name *Sacré-Coeur* fiel, gab es allgemeines Gelächter. Jede von den Frauen wusste, was damit gemeint war.

Hannah konnte sich ein Leben ohne die Bar nicht mehr vorstellen, auch wenn sie nicht immer damit einverstanden war, was die Mädchen taten. Sie verschwanden öfter in einem der kleinen Zimmer, natürlich in männlicher Begleitung. Hannah sah das immer mit gemischten Gefühlen. Doch die Bar im Allgemeinen tat ihrem Selbstbewusstsein gut. Und so wurde sie immer mutiger und flirtete, wann immer sich dazu eine Gelegenheit bot. Natürlich nur, sofern es ihre Zeit erlaubte, denn meist hatte sie in der Küche und mit dem Servieren zu tun.

Auf ein Abenteuer würde sie sich nicht mehr einlassen, denn seit einiger Zeit gab es da jemanden in ihrem Leben. Nur hatte sie noch niemandem davon erzählt. Auch Carmen und den Mädchen nicht. Auch wenn sie mit den Frauen mittlerweile eine tiefe Freundschaft verband, so musste sie nicht gleich alles an die große Glocke hängen.

Eine feste Bindung wollte Hannah noch nicht und so war alles noch in der Schwebe. Sie konnte die Treffen genießen, da sie sich zu nichts verpflichtet fühlte. Und Marcel, ihrem Freund, ging es ebenso. Er hatte vor einigen Jahren seine Frau verloren und dann sehr zurückgezogen gelebt. Schließlich hatte er seine Wohnung verkauft und war in eine andere Stadt gezogen. Dort hatte er dann einen Hausmeisterposten angenommen – in dem Mietshaus, in dem Hannah wohnte. Immer wieder waren sie sich begegnet und Hannah hatte sofort gespürt, dass sie Marcel nicht gleichgültig war. Plötzlich hatte es dann auch bei Hannah gefunkt.

Ihr Leben verlief nunmehr in ruhigen Bahnen. Sie arbeitete viel, hatte aber dennoch genügend Zeit für sich selbst und ihren neuen Freund. Alles war so einfach. Nur ein Wermutstropfen fiel in den Becher der Freude: Sie sah ihre Kinder nur noch selten.

Nachdem die Scheidung von David amtlich war, zogen sie sich mehr und mehr von ihr zurück. Hannah hatte schon mitbekommen, dass ihre Söhne mit ihren Familien öfter bei David und Lea zu Gast waren.

»Stell dir nur vor …«, Julia verdrehte genießerisch die Augen himmelwärts, als sie Hannah zufällig in der Stadt traf. »Lea lässt bei Familienfeiern immer köstliches Essen von einem Partyservice liefern. Da gibt es keine Hausmannskost, sondern alles nur vom Feinsten.«

»Natürlich, sonst hätte sie viel zu viel Arbeit! Und außerdem kann sie außer ihren Schinkenröllchen in Öl sowieso nichts kochen«, meinte Hannah eiskalt.

Es schmerzte sie, dass Julia von Familienfeiern sprach. Sie wollte ihr damit deutlich vor Augen halten, dass sie nicht mehr zur Familie gehörte! Natürlich tat sie das nie in Toms Anwesenheit.

Ungefähr eine Woche nach diesem Gespräch rief Tom bei ihr an und bat sie um ein Treffen.

»Wäre es dir recht, wenn Julia und ich morgen Abend zu dir kämen? Wir werden warten, bis Marie schläft und dann ein Nachbarmädchen bitten, auf sie zu achten. Du kannst uns auch etwas Gutes kochen, wenn du möchtest«, fügte er noch hinzu.

Hannahs Gedanken arbeiteten. Donnerstag! Sicher konnte sie da etwas später in der Bar erscheinen. Carmen würde bestimmt nichts dagegen haben.

»Geht klar, aber kochen kann ich euch nichts, dazu habe ich keine Zeit!«

»Was du nur immer vorhast. Die paar Stunden, in denen du Regale auffüllst, können dich doch nicht so beschäftigen. Aber gut, dann essen wir noch zu Hause. Also bis morgen.«

Carmen hatte nichts dagegen einzuwenden gehabt, im Gegenteil! Sie konnte sich stets auf Hannah verlassen und war dankbar, dass sie überhaupt kam.

So saß Hannah am nächsten Abend gespannt ihrem Sohn und seiner Frau gegenüber: »Was gibt's so Dringendes?«

Umständlich begann Tom mit seiner Rede. Er sprach von seiner vielen Arbeit in der Praxis und Julia sitze immer alleine zu Hause. Sie würde viel lieber Yogastunden nehmen und Fitness machen. Aber eine Haushaltshilfe könnten sie sich nicht leisten, auch brauche Marie dauernd Unterhaltung und noch einiges in dieser Richtung brachte er im Gespräch vor. Julia nickte eifrig zu seinen Worten.

»Wenn ich alles zusammenfasse, braucht ihr jemanden für den Haushalt, der putzt, kocht, den Einkauf erledigt und auf Marie aufpasst, ist das richtig?«, brachte es Hannah auf den Punkt.

»Genau«, nickten beide erleichtert.

»Aber nur vier Tage in der Woche. Ich könnte dann auch wieder Fitnesskurse anbieten, die werden gut bezahlt. Und vor der Schwangerschaft hat mir das auch immer viel Freude bereitet. Und außerdem hätte ich wieder ein bisschen Zeit für mich selbst.«

»Ja, aber wie soll ich euch da helfen? Soll ich euch finanziell unterstützen?«

Hannah sah in betretene Gesichter.

»Nein, Mama, wir dachten, du könntest ...«

Tom sprach den Satz nicht zu Ende.

»Iiich? Wie kommt ihr denn darauf? Außerdem habe ich meine Arbeit, die ich nicht so einfach im Stich lassen kann.«

»Bitte, Schwiegermama. Die paar Stunden, die du Regale auffüllst – du hast doch Zeit ...« Julia setzte ein flehendes Gesicht auf.

Jetzt geriet Hannah richtig in Wut. Jahrelang hatte sie sich über Julia und ihre rechthaberische Art geärgert. Mehrmals hatte sie Hannah zu verstehen gegeben, dass sie sich ihr haushoch überlegen fühlte. Dann hatte sie ihr Enkelkind kaum anfassen, geschweige denn einen Rat geben dürfen.

»Bitte misch dich nicht ein«, hatte sie anfangs sehr oft hören müssen, bis sie schließlich keinerlei Kommentare mehr abgegeben hatte.

»Mama, du sagst ja gar nichts.«

»Nein, weil es mir die Sprache verschlagen hat. Jahrelang war ich für deine Frau nicht gut genug, hatte in ihren Augen keine Ahnung vom Leben oder sonst was. Ja, Julia, du musst nicht so gucken, es stimmt doch, oder? Dann deine spitzen Bemerkungen, die du immer fallen gelassen hast; natürlich nur, wenn Tom nicht dabei war. Warum geht ihr nicht zu David und Lea?

Julia! Hast du mir nicht oft zu verstehen gegeben, wie gern du mit Lea zusammen bist? Wie sehr du die Familienfeiern mit ihr genießt? Dann bitte sie doch, deine Haushälterin zu spielen. Ich werde meine neue Freiheit und mein Leben nicht wieder aufgeben, um für andere den Dussel zu spielen! Als ich euch nach der Trennung von David gebraucht habe, war keiner von euch da, um mir ein bisschen beizustehen. Im Gegenteil, Vorhaltungen habt ihr mir noch gemacht. Und jetzt müsst ihr selber sehen, wie ihr zurechtkommt.«

Peinliche Stille hatte sich im Wohnzimmer ausgebreitet. Tom sah seine Frau an.

»Stimmt das? Ich meine das mit Lea.«

Ein bisschen redete sie sich heraus, aber dann musste sie es doch zugeben.

»Darüber reden wir später!« Er bedachte Julia mit einem Blick, der nichts Gutes verhieß.

Hannah erhob sich. »Jetzt habe ich leider keine Zeit mehr, denn ich habe eine Verabredung.«

Tom und Julia verabschiedeten sich recht kleinlaut von ihr.

Stolz, es endlich fertiggebracht zu haben, ihre lang aufgestaute Wut herauszulassen, zog sie sich um und fuhr in die Bar. Carmen stand mit langem Gesicht hinter dem Tresen.

»Was ist passiert?« Hannah ahnte Schlimmes.

»Stell dir nur vor, ein Stammgast hat sich mit mehreren Geschäftspartnern angekündigt und wir sind heute nur in halber Besetzung. Die anderen Mädchen konnte ich nicht erreichen, das heißt, bis auf Natascha, sie ist schon unterwegs hierher.«

Hannah war erleichtert. Zum Glück war das kein größeres Problem.

»Wie wäre es, wenn ich heute sozusagen wieder als Notnagel einspringen würde? Die Küche könnte ich nebenher ... Ich bin zwar schon etwas älter, aber ...«

»... du kommst immer noch sehr gut bei den Männern an. Denk an den Sacré-Coeur«, vervollständigte Carmen lachend Hannahs angefangenen Satz. »Du bist einfach ein Schatz!«

In dieser Nacht hatten sie die Bar länger als gewöhnlich geöffnet. Hannah flirtete an diesem Abend wieder auf Teufel komm raus und genoss es in vollen Zügen. Genau wie die anderen Mädels gab sie sich aufreizend und ging mit wiegenden Hüften an den Gästen vorbei, um neue Getränke zu servieren. Von den anderen Frauen unterschied sie sich kaum. Lediglich hatte sie über ihrem hautengen Body einen kurzen Rock übergezogen. Dazu trug sie schwarze Nahtstrümpfe und hochhackige Schuhe.

Ein Gast fiel ihr an diesem Abend besonders auf. Der Mann, sie schätzte ihn auf Ende fünfzig, unterhielt sich mit Bernadette und verschwand dann mit ihr für eine halbe Stunde in einem der kleinen Zimmer. Mussten sich die Mädchen unbedingt verkaufen? Sie konnte sich wirklich tagtäglich davon überzeugen, dass keine dazu gezwungen wurde. Im Gegenteil. Roswitha, eine der Älteren, Anfang dreißig, genoss es sogar.

»Worüber du dir immer Gedanken machst«, hatte sie zu Hannah gesagt, als sie in einem Straßencafé saßen und Eisschokolade genossen. »Erst letzte Woche verbrachte ich einige Stunden mit einem Manager. Ich sage dir, der hatte einen Po zum Verlieben. Was ist denn dabei, wenn ich mir und ihm etwas Gutes tue?«

Von dieser Warte aus hatte Hannah das Ganze noch nie betrachtet. Aber für sie wäre das trotzdem nichts! Die Mädchen akzeptierten das und sprachen sie auch nie darauf an.

Als Bernadette und ihr Begleiter wieder an einem der Tische saßen, die halbwegs in einer Nische standen, bemerkte Hannah, dass beide zu ihr herübersahen. Bernadette winkte sie zu sich heran. Hannah entschuldigte sich kurz bei dem Herrn, an dessen Tisch sie saß, und ging zu den beiden.

»Hannah, darf ich dir Herrn Bonnet vorstellen. Er ist hier Stammgast, war aber einige Zeit im Ausland und ist jetzt wieder zurück.«

Herr Bonnet stand auf und ergriff Hannahs Hand.

»Den ganzen Abend beobachte ich Sie schon. Sie kommen mir irgendwie bekannt vor, aber ich erinnere mich einfach nicht mehr.«

Hannah hatte beim Näherkommen sofort erkannt, dass er ein Klient von David war. Natürlich würde sie ihm das nicht auf die Nase binden, denn innerhalb kürzester Zeit würde dann auch David Bescheid wissen. Und ihn ging das überhaupt nichts an.

Ungeniert log Hannah: »Leider kann ich mich nicht an Sie erinnern. Sicher verwechseln Sie mich.«

Im selben Augenblick rief Carmen nach ihr. Froh, endlich gehen zu können, verließ sie den Tisch von Herrn Bonnet. Sicher hatte er sie am nächsten Tag wieder vergessen, dachte sie. Aber da irrte sie sich gewaltig!

Herr Bonnet überlegte tagelang, wo er Hannah schon einmal gesehen hatte. Dann, als er einen Anruf von David bekam, fiel es ihm wieder ein. Jawohl! Sie musste die Gattin von seinem Anwalt sein, oder zumindest ihre Zwillingsschwester, aber das konnte er leicht herausfinden.

David drängte Herrn Bonnet einen Termin auf, da dieser noch einige Unterschriften zu leisten hatte. Was er nicht wusste, sein Klient konnte es diesmal kaum erwarten, in die Kanzlei zu kommen.

Eine Woche später, fünfzehn Minuten vor dem Termin, stand Herr Bonnet in dem stilvoll eingerichteten Empfangsraum. Die nette Sekretärin bat ihn, noch etwas Platz zu nehmen, Dr. Kerner würde gleich Zeit für ihn haben.

Unverfänglich fing er ein Gespräch an. Da er schon viele Jahre in dieser Kanzlei ein und aus ging, kannte er die meisten der Mitarbeiterinnen.

»Fräulein, nur eine Frage. Ich habe die Frau von Dr. Kerner schon eine Ewigkeit nicht mehr gesehen. Arbeitet sie nicht mehr hier?«

Redselig erzählte sie ihm, was sie selber erfahren hatte.

»... so, so, die beiden sind geschieden«, fasste er zusammen. Im gleichen Augenblick betrat David den Empfangsraum und hörte noch die letzten Worte.

»Ich grüße Sie, lieber Herr Bonnet. Nun, sind Sie über mein Privatleben jetzt bestens informiert worden?« Er warf seiner Sekretärin einen strafenden Blick zu. Sofort widmete sie sich wieder ihrer Arbeit.

In Davids Büro unterschrieb Herr Bonnet einige wichtige Dokumente. Zum Abschluss genehmigten sie sich noch einen kleinen Cognac, beste Sorte, versteht sich. Dann konnte Herr Bonnet es fast nicht mehr aushalten, so ein Mitteilungsbedürfnis hatte er: »Ihre, äh, Gattin, äh geschiedene Gattin wird nicht älter, sondern immer jünger, so kommt es mir jedenfalls vor.« Schleimig grinste er dazu.

»Ja«, meinte David darauf nur kurz angebunden.

»Erst letzte Woche traf ich sie in der kleinen Bar, wie heißt sie doch gleich wieder? Ach ja, das war in der Mond-Bar. Durch Zufall kam ich dort hinein ... Eigentlich wäre ich nie in so eine ...«

Hannah in einer Bar? Das konnte sich David beim besten Willen nicht vorstellen.

Herr Bonnet erzählte ihm nun haarklein von dem Abend. Den Besuch in einem der kleinen Zimmer verschwieg er natürlich, da er seit vielen Jahren verheiratet war und David seine Frau kannte. Als er geendet hatte, war David richtig blass im Gesicht. Herr Bonnet sah es mit Genugtuung. Hatte David ihm doch schon mehrmals saftige Rechnungen präsentiert, über die er sich immer sehr geärgert hatte! Heute würde sich David ärgern und das nicht zu knapp.

Als Herr Bonnet das Büro verlassen hatte, rief David sofort bei Hannah an. Doch niemand meldete sich. Daraufhin rief er seine Söhne an, aber es ging an diesem Tag mit dem Teufel zu, denn keinen konnte er erreichen. Kurz überlegte er, Lea anzurufen, aber dann ließ er es bleiben. Sie würde es noch früh genug erfahren.

Das Verhältnis zu ihr war deutlich abgekühlt, was nicht zuletzt daran lag, dass Lea stinkfaul und zu viel unterwegs war. Außerdem musste sie immer das letzte Wort haben und das hatte

David noch nie leiden können. Hätte er die Zeit noch einmal zurückdrehen können, wäre er Hannah treu geblieben. Er hatte sein Verhalten schon oft bereut.

Jetzt fiel ihm wieder ein, dass seine Söhne sich schon bei ihm beschwert hatten, weil sich ihre Mutter so anders als früher verhielt. Auch hatte sie keine Zeit mehr, sie war ständig unterwegs. Besonders am Abend. Nun, heute wollte er Gewissheit haben! Vorerst beabsichtigte er, Lea noch nichts von seinem Verdacht erzählen. Er würde sich mit einer Notlüge den Abend freihalten und die besagte Bar aufsuchen.

Etwas aufgeregt betrat er am Abend die Mond-Bar. Um einen guten Überblick zu haben, setzte er sich an die Theke. Sein Blick schweifte umher. Wirklich hübsche Damen, dachte er bewundernd. Die Bar sah auch nicht nach einer billigen Absteige aus, sondern nach gehobenerem Stil.

Eine junge Frau, aufreizend gekleidet, fragte freundlich nach seinen Wünschen.

»Ein Glas Sekt, bitteschön.«

Carmen brachte ihm das Gewünschte. Sie bemerkte seinen suchenden Blick, der in der Bar herumirrte.

»Sie sind heute das erste Mal hier«, stellte sie fest.

Aus seinen Gedanken gerissen, antwortete er einfach mit: »Ja.«

Carmen bediente einen anderen Herrn, als eine Frau in hautengem Body, mit einem kurzen Röckchen darüber, anmutig den Raum betrat.

Sie balancierte auf einem Tablett mehrere Sandwichs, die sie an einen Tisch trug. Mit großem Hallo wurde sie von den männlichen Gästen empfangen. Sie setzte sich und war sogleich in eine Unterhaltung verwickelt. Da sie mit dem Rücken zu David gewandt saß, konnte er ihr Gesicht nicht erkennen. Doch die Haarfarbe passte, die Figur und auch die Bewegungen, die sie ausführte. Er war sich sicher, es war Hannah!

David beobachtete sie. Von ihrer Kleidung abgesehen, konnte er nichts Anstößiges bemerken. Alle Herren verhielten sich kavaliersmäßig. Sehnsüchtig dachte er an die Zeit zurück, als sie noch an seiner Seite war.

Natascha kam auf David zu und lächelte ihn freundlich an.
»Entschuldigen Sie bitte, wie ist der Name dieser Dame?« Er deutete auf Hannah.
»Hannah.«
David wurde nun doch eine Spur blasser. »Könnten Sie ihr bitte ausrichten, David wäre hier?«
Nataschas Gesicht verdüsterte sich sofort. »Sie sind also David, Hannahs Exmann! Wenn Sie Hannah Ärger machen wollen, dann können Sie auf der Stelle wieder gehen!«
Carmen hatte das Gespräch mit angehört und kam auf ihn zu.
»Ich sage Ihnen nur eins. Eine Frau wie Hannah zu betrügen ist schon schlimm genug, aber das auch noch mit ihrer besten Freundin, das ist das Allerletzte! Und nun haben Sie auch noch die Frechheit, hier aufzutauchen. Ich werde Hannah fragen, ob sie bereit ist, mit Ihnen zu sprechen. Wenn nicht, verlassen Sie sofort die Bar!«
Energisch kam sie hinter dem Tresen hervor und ging auf Hannah zu. Sie flüsterte ihr etwas ins Ohr und einen kurzen Augenblick konnte David sehen, wie sich Hannahs Rücken straffte. Aber nur einen kurzen Augenblick. Dann stand sie auf und ging auf ihn zu. David, von Carmens Vorwürfen noch ganz verdattert, hielt den Atem an. Wunderschön kam ihm Hannah vor, als sie auf ihn zuschritt. Sie ist eine Superfrau, dachte er und ich bin ein verdammter Idiot.
Hannah ahnte nichts von seinen Gedanken und wappnete sich innerlich, um seine Vorwürfe abzuwehren. Sie sah ihn an, setzte sich auf den leeren Barhocker neben ihm und schlug die schönen langen Beine aufreizend, wie David fand, übereinander.
»Guten Abend David.« Fast sanft kamen die Worte über ihre Lippen.
»Guten Abend Hannah, möchtest du etwas trinken?« In seiner jäh auftretenden Verlegenheit fiel ihm nichts Besseres ein.
»Danke nein, ich habe mein Glas dort hinten am Tisch stehen«, dazu nickte sie in die entgegengesetzte Richtung.
David hatte vorgehabt, sie sofort mit Vorwürfen zu überhäufen, doch er fand nicht den Mut und so fragte er nur, wie sie in diese Bar gekommen wäre.

»Nur durch Zufall, durch einen glücklichen Zufall.«

»Ich habe es von einem Klienten erfahren, dass du hier arbeitest«, bemühte er sich wieder um ein Gespräch.

»Das dachte ich mir. Was willst du von mir?«

Fast wie einen rettenden Strohhalm umfasste er sein Sektglas, bevor er einen gierigen Schluck davon nahm.

»Also, was willst du von mir?«

Ungeduldig rutschte sie auf dem Barhocker hin und her. Sie sah, dass Carmen sie nicht aus den Augen ließ. David hielt den Kopf etwas schräg und so konnte er auch nicht sehen, wie Carmen den Daumen nach oben hielt. Sicher sollte das so viel heißen wie: Lass dich nicht rumkriegen und lass ihn auf keinen Fall die Oberhand gewinnen. Zeig's ihm! Auch ein paar andere Mädchen behielten sie im Auge. Gerührt spürte Hannah ein leises Ziehen in der Herzgegend. Alle standen hinter ihr, bereit, sofort einzugreifen, falls es nötig wäre. Ein schönes Gefühl, solche Freundinnen zu haben.

Sogleich erinnerte sie sich an einen Abend, als Colette bei ihr anrief, ob sie am nächsten Abend doch kommen könnte, da sich einige Gäste angemeldet hatten und die Frauschaft, wie sie sich lachhaft ausdrückte, sonst wieder einmal unterbesetzt sein würde.

Hannah hatte zeitweise an fünf Tagen in der Woche in der Bar gearbeitet und hatte es dann ein wenig reduziert.

»Du hast deine Arbeitstage schon hinter dir, ich weiß, aber wir brauchen dich morgen.«

Hannah hätte zwei Abende frei gehabt. An diesem ersten Abend hatte sie wieder einmal über ihr Leben nachgedacht und sich unnütz und von niemandem geliebt gefühlt.

»Ja, natürlich komme ich morgen«, hatte sie dann eilig zugesagt.

Colette, sehr empfindsam für solche Stimmungen, hatte den Ton in ihrer Stimme richtig gedeutet und stand ohne Voranmeldung eine Stunde später vor ihrer Tür. Mit einer Flasche Sekt bewaffnet, strahlte Colette die verblüffte Hannah an.

»Heute ist nicht viel los in der Bar und Carmen gab mir frei, da dachte ich mir ...«

Hannah konnte trotz größter Mühe ihre Tränen nicht zurückhalten.

»Danke!« Hannah drückte Colette an sich.

Sie sprach sich an diesem Abend alles vom Herzen, auch die Schuldgefühle, die sie ihren Kindern gegenüber hatte.

»Nun steigere dich da mal nicht rein. Hat dich dein Sohn nicht nachts auf der Autobahn stehen lassen? Oder hat er dein Auto dann repariert? Dir wenigstens ein Ersatzfahrzeug zur Verfügung gestellt, bis dein Auto fertig war? Nein! Obwohl er eine Autowerkstatt hat, das muss man sich mal vorstellen. Keinen Finger rührt er, wenn er keinen Vorteil davon hat. Oder haben sie sich um dich gekümmert, als du dich von deinem Mann getrennt hast? Nein, Hannah, wenn jemand ein schlechtes Gewissen haben sollte, dann deine Söhne.«

Richtig. Und Tom verhielt sich auch nicht anders als sein Bruder. Hannahs Stimmung stieg und sie fühlte sich wieder um einiges besser.

Colette fuhr an diesem Abend nicht nach Hause, sie blieb bei Hannah. Lange schwatzten sie über alles Mögliche. Trotz ihres großen Altersunterschiedes verstanden sie sich prächtig. Als Hannah das erwähnte, sah Colette sie schelmisch an.

»Erst vor ein paar Tagen haben wir in der Bar über dich gesprochen. Wir sind uns alle einig: Du bist eine Frau, die nie alt sein wird. Dein jugendlicher Elan hält dich für alles aufgeschlossen! Von deinem Aussehen ganz zu schweigen! Wir haben mit dir einen Glücksgriff gemacht, denn du passt einfach zu uns, auch wenn du nicht mit den Herren im Zimmerchen verschwindest«, fügte sie noch provokativ lächelnd hinzu. »Aber du hast ja deinen eigenen *Sacré-Coeur*, wie wir wissen.«

»Hannah, hörst du mir eigentlich zu?«, fragte David sichtlich genervt.

Sich aus ihren Gedanken reißend, nickte sie. »Natürlich, sprich nur weiter.«

»Du musst hier sofort aufhören zu arbeiten! Das schadet meinem guten Ruf und dem der Kinder. Du kannst ja deine Arbeitszeit im Supermarkt etwas ausdehnen. Außerdem könntest du dann bei Tom den Haushalt führen und auf Marie aufpassen. Und schließlich hast du bei der Scheidung ja eine saftige Abfindung von mir erhalten ...«

»... die ich auch verdient habe«, beendete Hannah seinen Satz. »Zudem hattest du ja leichtes Spiel mit mir, weil ich dich um nichts gebeten habe. Die Scheidung selbst war ja nur reine Formsache.«

In Hannah stieg plötzlich eine derartige Wut auf, dass sie Angst hatte, die Kontrolle über sich zu verlieren. Plötzlich sprang sie vom Stuhl und funkelte ihren geschiedenen Mann böse an:

»Was bildest du dir eigentlich ein. Jahrelang musste ich nach deiner Pfeife tanzen, bis du mir gnädigerweise erlaubtest, wieder zu arbeiten. Das aber auch nur, weil du mich in dieser Zeit immer betrogen hast. Pfui Teufel!« Sie tat, als würde sie auf den Boden spucken. »Und jetzt kommst du daher«, fuhr sie fort, »und mischst dich in mein Leben ein, aber vergeblich, das sage ich dir!«

David versuchte einen Einwand, doch Hannah war so in Rage geraten, dass er einfach nicht zu Wort kam.

»Nein, jetzt hörst du mir mal zu! Bei Tom soll ich die Putzfrau spielen? Du hast mir nie erlaubt, unseren Haushalt alleine zu führen, und jetzt kommst du mir mit so was! Soll sich doch Lea darum kümmern.« Wütend atmete sie geräuschvoll aus.

»Und wenn dir meine Arbeit hier nicht passt, damit kann ich leben. Wenn du aber versuchst, mir Schwierigkeiten zu machen, werde ich den Zeitungen Interviews geben. Die Presse würde sicher gerne mehr über das Privatleben eines Promi-Anwalts wissen wollen. Also, misch dich gefälligst nicht mehr in mein Leben ein, diese Zeiten sind endgültig vorbei. Und nun entschuldige mich, ich werde erwartet.« Sie drehte sich um und steuerte wieder den Tisch an, an dem sie vorher gesessen hatte.

David kramte aus seinem Geldbeutel einen Schein hervor und ließ ihn auf die Theke flattern. Ohne sich noch einmal umzudrehen, verließ er die Bar.

KAPITEL 14

Ihre Söhne meldeten sich nach Davids Besuch in der Bar fast zwei Monate nicht. Als Hannah eines Abends bei Tom anrief, gab Julia sofort den Hörer an ihn weiter.

»Mama, schön dich zu hören.«

Klingt aber nicht so, dachte Hannah, laut aber sagte sie nur: »Ich wollte nur wissen, wie es euch geht und wann ihr zu meinem Geburtstag kommt. Ich meine, um welche Uhrzeit …«

Es war Tradition, dass ihre Söhne, natürlich mit Anhang, zu ihrem Geburtstag kamen. Auch in diesem Jahr sollte es nicht anders sein.

»Er ist schon am Samstag, also in drei Tagen. Ich habe mir extra freigenommen, um wie sonst auch, etwas Gutes zu kochen. Passt euch 12 Uhr?«

Tom stotterte leicht, als er eine fadenscheinige Ausrede erfand.

»Das geht diesmal nicht, denn wir fahren mit Fabian über das Wochenende weg. Auf eine Almhütte, ja, in die Berge. Hat er nicht mit dir darüber gesprochen? Er wollte dich anrufen.«

Enttäuscht nahm sie es zur Kenntnis und bat resigniert: »Ist gut. Dann richte Fabian einen schönen Gruß von mir aus, wir hören uns dann irgendwann nächste Woche.«

Mit keinem Wort hatte Tom ihre Arbeit in der Bar erwähnt. Obwohl sie annahm, dass es David ihren Kindern erzählt hatte. Egal, zumindest hatte sie nun am kommenden Samstag den ganzen Tag frei. Im Supermarkt hatte sie den freien Tag bewilligt bekommen und würde es nun so belassen. Doch mit Carmen würde sie sprechen, da sie am Abend dann doch in der Bar arbeiten konnte.

Kurz dachte sie daran, diesen Tag mit ihrem Freund Marcel zu verbringen, aber dann entschied sie sich dagegen. Und schließlich hatte sie ihm von ihrem Geburtstag nichts erzählt.

An diesem Tag bemerkte sie wieder, wie viel ihr die Arbeit in der Mond-Bar bedeutete. Nicht nur wegen des Selbstwertgefühls, sondern sie genoss die Freundschaften der Mädchen in vollen Zügen, ja, sie zehrte buchstäblich davon.

Als sie Carmen am nächsten Tag fragte, ob sie am Samstag doch arbeiten könnte, stimmte diese erfreut zu.

Samstagvormittag schlief sie etwas länger und buk dann zwei Kuchen, die sie am Abend in der Bar ihren Freundinnen spendieren wollte. Später saß sie auf ihrem winzigen Balkon. Etwas deprimiert dachte sie an die vergangenen Geburtstage. Immer hatten sie fröhlich gefeiert. Aber seit der Scheidung hatte es Probleme gegeben. Der gute Draht zu ihren Söhnen war nicht mehr vorhanden.

Es schmerzte Hannah, dass sie keinerlei Geburtstagsgrüße erhalten hatte. Weder von ihren Söhnen, noch von Rita, mit der sie sich ab und zu traf, oder ihren Eltern.

Letztere verbrachten im Jahr mindestens sechs Monate in Italien, wo sie ein Haus gekauft hatten. Im letzten Jahr waren es sogar acht Monate gewesen. Sie führten ihr eigenes Leben, hatten viele Freunde und verbrachten dort eine ruhige Zeit. Hannah gönnte es ihnen von Herzen, aber zumindest eine Geburtstagskarte hätten sie ihr schicken können, fand sie. Nur Noah hatte ihr – einen Tag zu früh – eine SMS geschrieben, dass er noch eine Woche im Urlaub sein werde, er aber an ihrem Geburtstag an sie denken würde.

Niedergeschlagen brühte sie sich Kaffee auf und machte es sich im Wohnzimmer bequem. An einem Geburtstag alleine in der Wohnung zu sitzen, von allen vergessen, war das Schlimmste, was sie sich nur vorstellen konnte. Oder Weihnachten alleine zu feiern. Das ging gar nicht. Im letzten Jahr hatte sie mit Noah das Weihnachtsfest gefeiert, doch waren ihre Gedanken dabei oft in die Vergangenheit gewandert.

Weihnachten, als ihre Kinder noch klein gewesen waren, hatte sie immer geliebt. Sie hatte die Gebräuche, die sie von ihren Eltern übernommen hatte, auch auf ihre eigene Familie übertragen. Lange Jahre empfanden Tom und Fabian das Weihnachtsfest als sehr geheimnisvoll. David hatte ihre Bemühungen immer nur mit einem verständnislosen Kopfschütteln quittiert.

»So viel Mühe! Wofür? Den Baum haben wir höchstens zwei Wochen und den Weihnachtsschmuck halte ich sowieso für Kitsch.«

Damals hatte sich Hannah maßlos geärgert und David niemals mehr in die Weihnachtsvorbereitungen mit einbezogen. Aber, als er dann in die glücklichen Augen seiner Kinder blickte, freute auch er sich und lobte das gelungene Fest. Hannah gab darauf nie eine Antwort.

Sie schnäuzte sich kräftig und begann in einem Buch zu lesen. Sie schreckte hoch, als es an der Tür klingelte. Laute Stimmen drangen durch die geschlossene Wohnungstür zu ihr. Als sie öffnete, wurde sie sofort von mehreren Armen gleichzeitig umarmt. Vor ihrem Gesicht prangte eine große Torte, mit Kerzen darauf. Lautes Stimmengewirr hüllte sie ein.

»Alles Gute zum Geburtstag! Viel Glück! Bleib so, wie du bist! Auf dich«, waren nur einige der Glückwünsche, die sie, von vielen Küsschen begleitet, bekam.

Ihre Kolleginnen aus der Bar, darunter auch Carmen, strömten in ihr Wohnzimmer und begannen die Köstlichkeiten, die sie in Körben und Taschen verstaut hatten, auszubreiten.

Köstliche Snacks und Häppchen kamen zum Vorschein. Auch an Getränke hatten sie gedacht. Hannah stand am Türrahmen und sah glücklich auf die unerwarteten Gäste. Priscilla packte aus einer großen Tasche verschiedene, wunderhübsch verpackte Geschenke aus. Gerührt bedankte sich Hannah und mischte sich unter die Freundinnen. Ihr zu Ehren hatte Carmen die Bar zwei Mädchen überlassen.

»Ach, du kennst das ja, am Nachmittag ist noch nicht viel los«, wehrte Carmen ab, als Hannah sich mit einer Umarmung bedankte. »Und später nehmen wird dich mit und es wird in der Bar noch etwas gefeiert. Keine Widerrede!«

Die Frauen befanden sich in lustiger, ausgelassener Stimmung, als es an der Tür klingelte.

»Das ist sicher unser Hausmeister Marcel! Äh, ich kenne ihn besser als …, ja was ich euch eigentlich schon länger sagen wollte, wir zwei …«

»Gut, dann soll er doch reinkommen und mitfeiern, wenn er sich zu so vielen Frauen traut«, unterbrach Carmen Hannahs Stotterei und ihr Vorschlag erntete viel Gelächter.

»Bleib sitzen, ich werde ihn holen«, bot sich Carmen an.
Doch statt Marcel standen ein Mann und eine Frau vor der Tür.
»Ja, bitte?«
Verdutzt wurde Carmen von den beiden angestarrt.
»Äh, ist meine Mutter da, ich meine Hannah?«, fragte der Mann überrascht.
Carmen reichte erst Julia, dann Tom freundlich die Hand und bat sie herein. Von Carmen ins Wohnzimmer gelotst, sahen sie fassungslos dem Treiben zu. Der kleine Raum schien hoffnungslos überfüllt. Ausschließlich Frauen saßen auf der Couch, auf dem Boden und sogar auf einem Sideboard hatte sich eine junge Frau platziert. Dazu kam aus einer Anlage Musik, die jedoch von dem fröhlichen Geplapper übertönt wurde.
Überall standen Teller, Gläser und der Rest der köstlichen Häppchen und Delikatessen. In einer Ecke des Raumes türmte sich zerknülltes Geschenkpapier, daneben lagen noch einige ungeöffnete Geschenke.
Fast entsetzt wanderten Toms und Julias Blicke durch den Raum. Hannah erhob sich und ging in bester Laune auf die beiden zu. Mit säuerlicher Miene wurde sie begrüßt. »Mutter, können wir mit dir sprechen?«
»Natürlich, aber erst werde ich euch meine Freundinnen vorstellen.«
Sie begann bereits mit der Namensaufzählung, als Tom abwinkte.
»Später, wir haben nicht viel Zeit!«
Sein und Julias Blick, die bis dahin noch kein einziges Wort gesprochen hatte, sprachen Bände. Mit geringschätzigem Blick tastete Tom die Frauen ab. Ablehnung war ihm ins Gesicht geschrieben, was ihn dennoch nicht daran hinderte, in den Ausschnitt von Colette zu spähen.
»Können wir dich alleine sprechen?«
Ohne zu antworten, ging Hannah in die Küche. Julia schloss hinter ihnen die Tür und sah streng auf ihre Schwiegermutter.
»Schämst du dich denn gar nicht?«
Hannah war sprachlos.

Tom nutzte die Gelegenheit und begann: »Vater hat uns von deiner, ja sagen wir mal, Nebentätigkeit erzählt. Ich dachte immer, es wäre ein Irrtum, bin aber jetzt wohl eines Besseren belehrt worden!«

Hannah hatte sich innerlich wieder gefangen.

»Und?« Auffordernd wartete sie.

»Und? Aber Mutter, das kannst du doch nicht machen. Du, in deinem Alter. Außerdem musst du doch auch an uns und unsere gesellschaftliche Stellung denken. Oder denk wenigstens an Vater!« Jetzt hatte Hannah es endgültig satt.

»Mein ganzes Leben habe ich nur an euch oder euren Vater gedacht und bin bitter enttäuscht worden. Und nun führe ich mein eigenes Leben, und zwar so, wie es mir gefällt. Außerdem sind diese Frauen alle meine Freundinnen, ohne die ich heute sicher nicht so vor euch stehen würde. Sie haben sich um mich gekümmert, waren für mich da, als ich keine Lebensfreude mehr hatte, und ganz tief unten war ... Und was macht *ihr* eigentlich hier? Solltet ihr nicht auf einer Hütte sein, in den Bergen?«

Tom suchte nach Worten.

»Mutter, du hast ja heute Geburtstag! Natürlich habe ich das nicht vergessen, nicht wahr, Julia?«

Er blickte auf seine Frau, die etwas dümmlich dreinschaute.

»Alles Gute wünschen wir dir.«

»Danke, war das alles?«, fragte sie und öffnete die Tür, um ins Wohnzimmer zurückzukehren. »Ihr müsst verstehen, ich kann meine Gäste nicht so lange alleine lassen«, erklärte Hannah eiskalt.

Es blieb ihnen nichts anderes übrig, als Hannah ins Wohnzimmer zu folgen. Hannah griff nach frischen Gläsern und bot ihnen Sekt an – zum Anstoßen.

Fast schon entrüstet lehnte Tom ab: »Nein danke, aber du wirst jetzt deine Gäste doch verabschieden, nicht wahr? Sicher wirst du mit uns – deiner Familie feiern wollen, oder?«

Herausfordernd wartete er auf Antwort.

»Bitte entscheide dich, Mama! Diese Frauen oder deine Familie?«, fügte er noch drohend hinzu, als seine Mutter keinerlei Anstalten machte, etwas zu unternehmen.

Da sich eine geladene Stimmung aufgebaut hatte, wurde es im Raum plötzlich still. Sogar die Musik hatte eine der Frauen leiser gedreht.

»Kein Problem, wir wollten sowieso gehen. Auf, Mädels, die Arbeit ruft«, versuchte Carmen ihr zu helfen und ihr die Entscheidung abzunehmen.

»Wartet!« Hannah sprach mit entschlossener Stimme. »Ja, Tom, du hast recht, ich muss mich entscheiden! Und ich habe mich längst entschieden!« Toms Gesichtsausdruck entspannte sich und auch Julia seufzte leise auf. »Na endlich.«

Hannah öffnete eine Schmuckschatulle und entnahm dieser das Kettchen mit dem Mond, das sie vor vielen Jahren von ihrem Bruder zur Hochzeit geschenkt bekommen hatte. Sie hatte es all die Jahre wie einen Schatz gehütet. Wie oft hatte sie es in so mancher Not als tröstlich empfunden, wenn sie es in der Hand gehalten hatte. Schon immer war für sie der Mond, das Symbol für Kraft, Energie oder für einen positiven Neuanfang gewesen. Seltsamerweise waren in ihrem Leben, viele wichtigen und prägenden Ereignisse, mehr oder weniger deutlich, vom Symbol des Mondes begleitet gewesen.

Nun legte sie die Kette um ihren Hals. Der Mond-Anhänger glitzerte und funkelte. Von nun an würde sie das Kettchen immer tragen – das Symbol des Mondes. In der Mond-Bar hatte ihr Leben wieder eine glückliche Wendung genommen. Dort wurde sie in einer ihrer dunkelsten Stunden nicht nur aufgefangen, sondern auch sehr herzlich aufgenommen. Wären Carmen und die Mädchen damals nicht gewesen, dann wüsste sie nicht, was aus ihr geworden wäre.

Alle Augen waren immer noch auf sie gerichtet. Keiner wagte ein Wort zu sagen. Schließlich griff Hannah nach einer Sektflasche und rief fröhlich: »Ihr bleibt! Und jetzt zum Wohl – darf ich euch noch nachschenken?« Herzlich lächelte sie den Frauen zu und begann, die etwas zögernd dargebotenen Gläser zu füllen.

»Mama, ist das dein letztes Wort?« Toms Stimme überschlug sich fast, während Julia hörbar nach Luft schnappte.

Befreit kam es von Hannah: »Ja, das ist mein letztes Wort!«

Kurz darauf fiel die Wohnungstür ins Schloss.

EPILOG

Hannah genoss nach diesem Abend ihre Freiheit und Unabhängigkeit. Sie hatte sich von allen Zwängen befreit und fühlte sich nicht mehr für ihren Exmann oder ihre Kinder verantwortlich. Sie lebte ihr eigenes Leben und das ohne ein schlechtes Gewissen. Ihre erwachsenen Kinder hatte sie ja nicht verstoßen, sondern ihnen nur ihre Grenzen gezeigt. Das hätte sie schon viel früher machen müssen, gestand sie sich ein.

Als Hannahs Eltern von ihrer Arbeit in der Bar erfuhren, hatten sie anfänglich versucht, sie »wieder auf den rechten Weg zu bringen«. Es hatte einige unschöne Auseinandersetzungen gegeben, bis sie einsahen, dass es Hannahs Leben war. Mittlerweile herrschte Waffenstillstand zwischen ihnen und das war nicht zuletzt Marcel, mit seiner ausgeglichenen Art, zu verdanken.

Mit Hannahs Bruder Noah, der immer wieder »solo« ist, versteht sich Marcel sehr gut. Die beiden Männer gönnen sich ab und zu einen *reinen Männerabend*, wie Marcel es gern bezeichnet.

Ihr Leben war nicht immer einfach gewesen, doch jetzt hatte sie wieder zu sich gefunden. Sie stand zu ihrem jetzigen Leben und fühlte sich wohl dabei. Viele Menschen hatten ihren Weg gekreuzt und waren ein Stück des Weges mit ihr gemeinsam gegangen.
Carmen war und ist immer noch ein wichtiger Wegbegleiter für Hannah. Durch Carmen und die Mädchen erkannte sie, was echte Freundschaft bedeutet und wie wichtig sie ist. Zu einem Menschen zu stehen und mit ihm durch dick und dünn zu gehen. Für ihn da zu sein, für ihn das Beste zu wollen. Das hatte sich auch in dem Moment gezeigt, als Hannahs Sohn darauf bestanden hatte, dass sie sich entscheiden müsste. Carmen hätte ihr die Entscheidung leicht gemacht und wäre mit den Mädchen gegangen. Doch da war Hannah bewusst geworden, was für sie selbst wichtig war. Und sie hatte sich entschieden.

Pierre war ein kurzer Wegbegleiter gewesen, doch ein sehr wichtiger. Durch ihn fand sie wieder mehr Selbstvertrauen und den Mut, Entscheidungen zu treffen, die für *sie selbst* gut waren. Lange Zeit hatte sie sich gefragt, ob sie Pierre mit ihrer Entscheidung verletzt hatte, da sie den Kontakt so abrupt beendet hatte. Die Antwort erhielt sie etwa zwei Jahre später an einem unverhofften Ort.

Hannah hatte einen Zahnarzttermin und betrat pünktlich die Praxis. Nach der Patientenaufnahme wurde sie ins Wartezimmer gebeten. Sie öffnete die Tür, trat ein und setzte sich auf einen freien Stuhl. Da sah sie Pierre! Ihr wurden die Knie weich. Er und ein weiterer Patient saßen ebenfalls im Wartezimmer. Sofort stand Pierre auf und kam auf sie zu. Hannah erhob sich und schon standen sie sich gegenüber. Er ergriff ihre Hand und hielt sie fest.

»Hannah, wie schön dich zu sehen! Geht es dir gut?«

»Ja, danke Pierre, mir geht es sehr gut! Dir hoffentlich auch …«

Im Wartezimmer hätte man einen Floh husten hören können, so gespannt verfolgte der andere Patient ihr Wiedersehen.

»Ja, *jetzt* geht es mir wieder gut …«

Die Tür ging auf und eine Frau in Pierres Alter winkte ihn zu sich. »Schatz, ich bin fertig.« Erwartungsvoll sah sie Pierre an. Erst dann sah sie, dass er Hannahs Hand hielt. Erstaunt zog sie die Augenbrauen hoch. Trotzdem verabschiedete sich Pierre ohne Eile von Hannah, bevor er ihre Hand wieder freigab und zur Tür ging. Er hatte diese schon fast erreicht, als er zurückkam, sie kurz an sich drückte und ihre Wange küsste. Das war das letzte Mal, dass sie ihn gesehen hatte.

Die erste Zeit pflegte sie eine eher lockere Beziehung mit Marcel, die sich dann aber doch festigte. Marcel war so ganz anders als David und das fand sie wunderbar. Jeder von ihnen behielt seine eigene Wohnung, aber doch waren sie in jeder Beziehung Partner. Keiner schrieb dem anderen vor, was er zu tun oder zu lassen hatte.

Jedoch, an Hannahs Tätigkeit in der Bar hatte sich Marcel anfangs erst gewöhnen müssen. Doch es dauerte nicht lange und er verstand, warum ihr diese so wichtig war. Er konnte sich auch überzeugen, dass Hannah nichts tat, was in seinen Augen unrecht sein könnte. Gut, sie flirtete mit den männlichen Gästen, aber mehr nicht. Damit konnte Marcel dann doch leben und es belastete nicht ihre Beziehung.

Mit den Mädels aus der Bar verband Hannah eine besonders innige Freundschaft, die sie um nichts in der Welt aufgeben würde und das akzeptierte er.

Ihre Freundinnen gönnten ihr eine glückliche Beziehung. Doch selbstredend musste Marcel sein handwerkliches Geschick dann in der Bar auch öfter unter Beweis stellen. Den Anfang machte das Ceranfeld, bei dem ein Kabel durchgeschmort war. Hannah hatte einen Topf mit Soße auf den Herd gestellt, als plötzlich ein übler Geruch emporstieg. Da brannte doch etwas! Schnell erkannte sie die Ursache – es war nicht die Soße im Topf. In ihrer Not rief sie Marcel an. Ohne große Umstände kam er und brachte alles wieder in Ordnung. Auch wenn Carmen anfangs meinte, dass sie keinen Mann bräuchten, denn sie war schließlich auch handwerklich sehr geschickt, so sah sie doch bald ein, dass es einfacher und zudem sicherer war, wenn Marcel ihnen half. Irgendwann murrte sie nicht mehr, und war dann doch froh, dass er ihnen zur Seite stand.

David bekam seine gerechte Strafe, wie Hannah doch etwas schadenfroh feststellen konnte. Davids Beziehung zu Lea war in ihren Augen schon von Anfang an zum Scheitern verurteilt gewesen. Sie kannte ihren Exmann gut und Lea ebenfalls. Zu Anfang war sicher der Reiz des Neuen ausschlaggebend gewesen und zudem schmeichelte es David, dass er bei der temperamentvollen Lea Chancen hatte. Und sein Ego hatte ihn alles andere vergessen lassen.

Bei Lea war es der Reiz, das zu tun, was ihr gerade gefiel – und zwar ohne Rücksicht auf Verluste. In diesem Fall war es eben die beste Freundin gewesen, die Platz machen musste – Pech gehabt.

Zwei sich so dermaßen ähnliche Menschen können keine harmonische Beziehung führen, wie Hannah vorhergesehen hatte.

Und wirklich, nach der aufregenden Zeit des Sich-Näher-Kennen-Lernens, war es dann keine Beziehung mehr, sondern nur noch ein Kampfplatz gewesen. Lea scherte sich keinen Deut um David. Er hatte nach ihrer Pfeife zu tanzen und wenn er sich querstellte, dann ließ sie ihn das deutlich spüren. Immer öfter verglich er Hannah mit Lea und letztere schnitt dabei nicht so gut ab.

Auch gesellschaftlich konnte Lea nicht mit Hannah mithalten. Das hatte er bald erfahren müssen. Entweder sie benahm sich seinen Klienten oder der ganzen Gesellschaft gegenüber so unmöglich, dass es ihm sehr peinlich war, oder sie blieb ganz fern. David musste sie bei Einladungen öfters entschuldigen, da sie immer weniger Lust hatte, diese mit ihm gemeinsam und zudem mit Anstand, wie er sich ausdrückte, wahrzunehmen. Auch das war ein ständiger Zankapfel zwischen den beiden. Lea verließ ihn irgendwann – einfach so, ohne Vorwarnung. David kam nach Hause und Lea hatte ihm die Schlüssel auf den Tisch gelegt. Daneben lag eine Notiz: Vorbei! Machs gut. Ihre Sachen hatte sie mitgenommen. Wo sie sich aufhielt, wusste David nicht.

Wenige Wochen später hatte Lea versucht, Hannah zu erreichen. Über soviel Dreistigkeit konnten sich alle nur wundern. Hannah hörte oder sah Lea nicht wieder, denn Hannah blockte alle Annäherungsversuche sofort ab.

Schließlich fing David vorsichtig damit an, Hannah zu umwerben. Sie wäre keine Frau gewesen, wenn sie das nicht gefreut hätte. Doch eine Chance würde sie ihm nicht mehr geben, das war endgültig vorbei. Sie hatte sich innerlich von David gelöst und war mit ihrem neuen Leben und Marcel glücklich. Er akzeptierte die Freiräume, die Hannah brauchte und die sie sich auch nahm, und sie wiederum akzeptierte seine. Und jeder gab sich so, wie er war.

David sah ein, dass er bei Hannah keine Chance mehr hatte und vergrub sich darauf immer mehr in seine Arbeit. Sein Ansehen als Anwalt wuchs noch weiter und er musste seine Kanzlei deutlich vergrößern, um den Klienten gerecht zu werden. Immer wieder berichtete die Presse von spektakulären Fällen, die er gewonnen hatte. Beruflich war er ganz oben, aber ein Privatleben hatte er nicht mehr. Von ihren Söhnen wusste sie, dass David keine neue Frau hatte und einsam war. In dieser Zeit traf ihn dann noch ein herber Schlag, in Form von äußerst unangenehmen Presseberichten, die über seine und Hannahs Vergangenheit berichteten.

Hannah arbeitete neben dem Supermarkt nur noch an drei Abenden in der Bar. Oft wurde sie von Marcel abgeholt, der meistens etwas früher kam. Er saß dann an der Bar und wartete auf sie. Die Mädchen mochten Marcel und so unterhielt er sich mit ihnen, bis sie den Heimweg antreten konnten.

Eines Abends, die Luft hatte sich während des Tages so aufgeheizt, dass es am Abend noch immer sehr drückend war, saßen die Mädchen alle beisammen und unterhielten sich. Es war kein Gast zu sehen und so würden sie an diesem Abend etwas früher schließen. Hannah ging zum Telefon, um Marcel Bescheid zu sagen, dass er sie nicht abzuholen brauche. Carmen würde sie mitnehmen.

Sie hatte den Hörer gerade abgenommen, als ein schrecklicher Knall die Stille durchbrach. Dazu hörte sie das Bersten von Glas und wie Tische und Stühle mit voller Wucht zusammengeschoben wurden. Dieser Lärm wurde durch die Motorgeräusche eines Autos begleitet. Die Schreie der Mädchen hallten in ihren Ohren wider, als sie reflexmäßig die Hände vors Gesicht schlug und weiter nach hinten lief. Plötzlich war Totenstille. Einige Sekunden lang war überhaupt nichts zu hören, selbst das Motorgeräusch war verstummt. Es war unheimlich.

Was Hannah nun sah, ließ ihr das Blut in den Adern gefrieren. Ein Auto war durch das Schaufenster gepresch und hatte großen Schaden angerichtet. Am Steuer saß ein Mann, der über das Lenkrad gebeugt war. Plötzlich war wieder lautes Stimmengewirr zu hören. Hektisch richteten sich ihre Kolleginnen auf, die fast alle zu Boden gegangen waren. Soweit sie überblicken konnte, hatten sie nur kleine Schrammen oder leichte Verletzungen. Nachdem sie den ersten Schrecken überwunden hatte, lief sie zu dem demolierten Auto und zog mithilfe der anderen Mädchen den bewusstlosen Fahrer aus dem Auto. Seine Gesichtsfarbe war bläulich und er atmete kaum noch. Ohne nachzudenken leistete Hannah Erste Hilfe. Der Fahrer des Wagens öffnete die Augen und röchelte. Noch ehe Hannah etwas sagen konnte, waren laute Sirenen zu hören. Der Notarztwagen und die Polizei waren kurze Zeit später zur Stelle.

Der Notarzt kümmerte sich um den Verletzten. Irgendwer ließ durchblicken, dass er einen Herzinfarkt erlitten hatte. Doch dank Hannahs schnellem Handeln würde er überleben.

Die Polizei musste viele Schaulustige des Ortes verweisen. Ein Mann wurde richtig laut und unfreundlich. Er möchte sofort durchgelassen werden, denn seine Frau arbeite hier ... Marcel! Hannah hatte seine Stimme erkannt, eilte auf ihn zu und zog ihn hinter die polizeiliche Absperrung. Sie zitterte am ganzen Körper, als sie Marcel von dem Geschehen erzählte.

Auch die örtliche Presse war anwesend. Unzählige Male fotografierten sie und befragten Hannah und alle Beteiligten nach dem Vorgang. Viele Stunden später, konnte alles notdürftig mit großen Planen verschlossen werden. Die Presse und die Schaulustigen waren alle abgezogen und nun standen nur noch Hannah und Marcel, Carmen und die Mädchen in der Bar. Der Schock steckte ihnen allen noch in den Gliedern. Carmen lud alle zu sich nach Hause ein, und alle waren froh darüber, denn an Schlaf war nicht zu denken.

Bis die Renovierungsarbeiten abgeschlossen waren, dauerte es einige Zeit und die Bar war geschlossen. Diese Zeit wurde zudem genutzt, um alle Räumlichkeiten zu renovieren. Es ist fast wie ein Neuanfang, meinte Carmen, als sie froh die frisch gestrichenen Wände betrachtete. Trotzdem gab es noch viel zu tun.

In vielen Zeitungen wurde von dem Unglück berichtet. Da Hannah dank David der Presse nicht unbekannt war, stürzten sich die Journalisten zuallererst auf sie. Auf vielen Fotos war sie zu sehen und darunter stand stets zu lesen, dass sie in diesem Etablissement gearbeitet hatte. Sie – Davids Exfrau, eine Animierdame! Das wurde gleich zum Anlass genommen, über ihren Exmann, den Star-Anwalt, herzuziehen: Hatte er doch seine Frau verlassen und ohne Skrupel sofort seine neue Freundin präsentiert. Unterhaltszahlungen an Hannah hatte er verweigert, und so musste sie ihren Lebensunterhalt als Bardame verdienen. Das wurde dann schließlich doch noch als glückliche Fügung betitelt, da sie dadurch einem Menschen das Leben gerettet hatte.

Sofort wurde dann auch darüber spekuliert, ob Hannah nun wieder ehrenamtlich im Gesundheitsbereich arbeiten würde. Ein übereifriger Journalist hatte nämlich herausbekommen, dass sie vor Jahren ehrenamtlich in einem Seniorenheim gearbeitet hatte.

Auch Marcel wurde nicht unerwähnt gelassen. Die Presse spekulierte auch hier, ob er der Chef der Bar wäre.

Hannah waren diese Artikel, die nicht der Wahrheit entsprachen und auch die Spekulationen egal, aber David würde sich die üble Nachrede nicht gefallen lassen, da war sie sich sicher. Schließlich war seine gesellschaftliche Stellung gefährdet. Die Presse ließ, menschlich gesehen, kein gutes Haar an ihm. Hannah konnte nicht umhin, sich darüber ein kleines bisschen zu freuen. Nun hatte David seine Strafe erhalten und sie war dafür nicht verantwortlich gewesen.

Mit ihren Söhnen und Familien – mit mittlerweile zwei Enkelkindern – hatte sie nicht allzu häufig, aber regelmäßig Kontakt. Irgendwann hatte Hannah Marcel zu einem Treffen dazu gebeten. Ihre Söhne waren nicht begeistert gewesen, hatten sich aber nicht getraut, dagegen etwas einzuwenden. Marcel war seitdem auch bei ihnen, ein gern gesehener Gast.

Hannahs Beziehung zu Marcel hatte sich gefestigt. Es war eine harmonische Beziehung, die auf einer guten Basis stand. Sie liebten sich. Mit ihm konnte Hannah glücklich sein. Marcel war unkompliziert und hatte das Herz am rechten Fleck.

Eines Abends nach dem Essen, es war kein besonderer Tag gewesen, erfüllte Marcel ihr ahnungslos einen Herzenswunsch. Und das kam so: Im kommenden Juni würden beide vier Wochen Urlaub haben. Sie hatten sich vorgenommen, in dieser Zeit beide Wohnungen zu renovieren, denn noch immer hatte sich

Hannah nicht aufraffen können, mit Marcel in eine gemeinsame Wohnung zu ziehen. Marcel entschied sich jedoch gegen das Renovieren und buchte eine dreiwöchige Urlaubsreise, ohne dass er Hannah vorher gefragt hatte.

Hannah hatte das Geschirr abgeräumt und setzte sich zu Marcel. Wortlos legte er den Arm um sie und übergab ihr einen großen Umschlag. Völlig ahnungslos fragte sie, was in dem Umschlag sei.

»Schau nach. Ich hoffe, dass du dich darüber freust.« Erwartungsvoll lächelte er.

Erstaunt öffnete Hannah den Umschlag und konnte es nicht glauben. Sie hielt die Buchung für eine Urlaubsreise in den Händen. Ein traumhaft schönes Hotel prangte in der Mitte eines Flyers. Darauf war mit einem Kugelschreiber ein großer Pfeil gemalt worden.

»Wenn du lieber woanders hinfahren – hinfliegen möchtest, dann können wir auch ein anderes Ziel auswählen. Das habe ich mit der Dame im Reisebüro bereits besprochen … Das Renovieren läuft uns ja nicht weg. Wir sollten jetzt erst einmal nur an uns beide denken und unser Zusammensein, bei Sonne und Sandstrand, genießen«, fügte er noch hinzu.

Sie freute sich so sehr, denn noch nie war sie, abgesehen von kurzen Städtereisen mit David, im Urlaub gewesen. David verabscheute das Wasser und das höchste der Gefühle war gewesen, dass sie mit den Kindern an einen Badesee fuhren. Schließlich mussten die Kinder schwimmen lernen.

Später hatte sie sich immer vorgenommen, zu verreisen. Aber irgendwie hatte es nie gepasst. Als sie es bei Marcel einmal ansprach, gab er sich nicht begeistert. Das Fliegen wäre ihm unangenehm, da würde er lieber mit dem Auto fahren. So wie bisher, eher in die nähere Umgebung. Doch wenn sie darauf bestehen würde, dann wäre er kein Hemmschuh – wie er noch hinzufügte. Hannah verneinte und meinte, dass es ihr nicht wichtig wäre, wenn er Flugangst hätte.

So war sie noch nie am Meer gewesen, geschweige denn an einem Sandstrand. Und nun würde sie mit Marcel dort drei Wochen verbringen, trotz seiner Flugangst. Und da hoffte er noch, dass sie sich freute – sie war überwältigt!

Marcel hatte ihr dann im Urlaub in aller Form einen Heiratsantrag gemacht, den sie jedoch nicht angenommen hatte.

»Kann ein Ehepaar so glücklich sein wie ein Liebespaar?«, hatte sie ihn gefragt.

Sie war glücklich und wünschte sich keine Veränderung. Marcel akzeptierte ihre Entscheidung nicht nur, nein, er sagte sogar: »Auch wenn es mir schwerfällt, ich kann deine Entscheidung verstehen. Für mich ist das in Ordnung. Ich liebe dich auch ohne Trauschein.«

Nur eines sollte sich in ihrem gemeinsamen Leben ändern, darauf bestand Hannah: Sie wollte eine gemeinsame Wohnung – für das Liebespaar!